教育理论与实践研究前沿

基础教育

康德教育哲学研究

基于"方法论"内容的阐释

陈得军／著

本书受『十四五』新疆维吾尔自治区优势学科教育学、自治区文科基地新疆教师教育研究中心、新疆师范大学博士启动基金项目资助

知识产权出版社

全国百佳图书出版单位

—北 京—

图书在版编目（CIP）数据

康德教育哲学研究：基于"方法论"内容的阐释/陈得军著.—北京：知识产权出版社，2024.3（2025.4 重印）

ISBN 978-7-5130-9236-4

Ⅰ.①康… Ⅱ.①陈… Ⅲ.①康德（Kant, Immanuel 1724–1804）—教育哲学—研究 Ⅳ.① G40–02

中国国家版本馆 CIP 数据核字（2024）第 009405 号

责任编辑：王颖超　　　　　　　　　责任校对：王　岩
封面设计：杨杨工作室·张冀　　　　责任印制：孙婷婷

康德教育哲学研究——基于"方法论"内容的阐释
陈得军　著

出版发行	知识产权出版社 有限责任公司	网　　址	http://www.ipph.cn
社　　址	北京市海淀区气象路 50 号院	邮　　编	100081
责编电话	010-82000860 转 8655	责编邮箱	wangyingchao@cnipr.com
发行电话	010-82000860 转 8101/8102	发行传真	010-82000893/82005070/82000270
印　　刷	北京建宏印刷有限公司	经　　销	新华书店、各大网上书店及相关专业书店
开　　本	880mm×1230mm　1/32	印　　张	6.75
版　　次	2024 年 3 月第 1 版	印　　次	2025 年 4 月第 2 次印刷
字　　数	150 千字	定　　价	59.00 元

ISBN 978-7-5130-9236-4

引 言

提及康德，世人很容易敬仰他的哲学家身份，尤其是三大批判在哲学史上所留下的震古烁今的影响力，使人忽略了他在教育理论方面的贡献。即便世人关注其教育思想，也往往限于单行本的《论教育学》，而忽略了康德哲学，尤其是其三大批判所蕴含的教育哲思。康德虽然不像杜威以教育主题来写作哲学，但是教育问题一直伴随着康德哲学思想的发展。他一生都致力于学习者的教育事业，倾注了大量的政治和智力支持，从康德早期所承担的家庭教师的角色算起，他在教育领域的工作时间长达近半个世纪，尤其是在其饱经风霜的最后十年中，更是如此。在他的著作中，能够体验到种种教育学的提示，尤其是在他独特的哲学概念中，如理论理性、实践理性、判断力、自然与自由、人格等，从中我们更能够清晰地看到他的教育哲思。康德在1781年《纯粹理性批判》的A版序言中明确提出，自我认识是学习者的重要任务，这不仅是哲学问题，更是一个教育学的问题。简单来说，批判性哲学家并不是简单地另起炉灶，在其哲学之外重新思考教育的理论问题，相反，批判性哲学家就是教育学家。

康德的学生林克根据其讲授教育学时的笔记整理而成的《论教育学》于1803年出版，该书至今争论不断。正因如此，在阅读康德教育学讲义时，一定要在康德其他的文本中找到相互对应的部分，来佐证康德教育学讲义的真实性，而非仅仅关注《论教育学》，可以利用"互文性"文本之间的相互联系，以消除对康德教育学讲义内容的争议，从而拓展文本的范围。

从康德的视角来看，教育学可以看作伦理学的对应物。❶因此，缺少了伦理学视角的研究也是不完整的。巴克纳（Buchner）版本的《论教育学》从康德不同著作中选择了与教育相关的片段，包括《纯粹理性批判》《实践理性批判》《判断力批判》，除此之外，还包括另外一些重要的文献，如《道德形而上学》《道德形而上学奠基》《实用人类学》《伦理学》《逻辑学》《有关博爱学院的文章》等。总之，这个版本的第三部分，从一个宏大的人类学、历史学、伦理学网络背景中来构建康德的教育哲学，借助文本之间的互文性关系拓展了人们对康德教育哲学的认识，也提供了研究康德教育哲学的基本框架。李秋零也将实践理性方法论、德性论的伦理教学法同样作为康德教育哲学的内容，收录在《康德教育哲学文集》中。

在《1765—1766年冬季学期课程安排的通告》中，康德提出他对学校和大学教育的看法，而且这一文本应该是而且一直是康德最重要的著作之一。《纯然理性界限内的宗教》是康德的教育学作品之一。人类的恶来自诱感，而这意味着学习者并

---

❶ 康德. 道德形而上学 [M]// 李秋零. 康德著作全集：第6卷. 北京：中国人民大学出版社，2007：489.

不是终究要堕落，而是有改善的可能。然而这种改变意味着，学习者的思想首先需要一个革命，也就是塑造一个人格，而人格等同于思想方式（思维方式），须加以磨炼。康德在《实用人类学》中将教育划分为教化、文明化和道德化的进程，与《论教育学》中的阶段性划分形成对照。1784—1795 年的著作也有不少内容对教育作了论述，在第二批判和德性论的方法论中可以找到更加深入和充分的讨论。

"如果只就康德的《论教育学》来谈康德对西方近代教育思想的影响，那是远远不够的。"❶ 对于康德教育哲学的研究不能仅仅局限于《论教育学》这一文本，还需要进一步阅读康德的三大批判以及康德的其他相关文本，从中寻找康德对于教育的反思。如此一来，能够从更多方面来呈现康德对于教育的思考，建构一个立体的康德教育哲学研究成果。也就是说，利用互文性关系不仅可以消除林克版本真实存在的一些误解，而且可以充分理解康德教育哲学与康德哲学的关系，也可以进一步佐证教育是康德哲学的一个核心问题，而非边缘性问题。

在叶秀山看来，"方法论"内容对于理解康德的哲学思想来说，"决不可忽略不计"，而且这部分内容"乃是进一步理解康德哲学的方法和门径—途径"。❷ 换言之，"方法论"的文本内容也是理解康德教育哲学的途径和切入点。"方法论"文本思考的不仅是一个哲学问题，更是一个教育问题。

❶ 陈元晖. 康德与近代西方教育思想 [J]. 华东师范大学学报（教育科学版），1987（1）：18.

❷ 叶秀山. 启蒙与自由：叶秀山论康德 [M]. 南京：江苏人民出版社，2011：100.

康德著作的结构基本上由四部分组成：序言、导论、要素论和方法论。比如，《纯粹理性批判》（A 版和 B 版）包括序言、导言、先验要素论和先验方法论，《实践理性批判》和《判断力批判》延续了这一结构；第三批判中有鉴赏的方法论和目的论判断力的方法论，《道德形而上学》的德性论中也有一个伦理方法论。

《纯粹理性批判》中有关方法论的论述虽然不到要素论文本的百分之二十五，但方法论被康德单独拿出来作为整部著作的第二大部分。德国学者赫费认为，学界由于方法论文本所占篇幅的缘由，缺乏对这一部分的研究。❶但是它承担着康德批判哲学的教育工作，旨在探讨如何实现人类理性的自我批判，从而完成对理性的教化。

《实践理性批判》的方法论文本同样被康德构想为这一著作的第二部分，不过相对于纯粹实践理性的要素论来说，它所占据的容量并不大。这部分主要阐述了道德教育的方法，旨在回答如何通过教育，尤其是通过道德教育，促使学习者从内心深处能够采纳和接受纯粹实践理性的法则，或者说，它使客观的实践理性成为学习者主观上实践的方式。

《判断力批判》中有关鉴赏的方法论主要探讨如何帮助学习者达到美、达到艺术。具体而言，就是如何培养审美情感，提升人的鉴赏能力。目的论的方法论则是关于自然界如何能够最终被看作合目的性的而作的一系列推导，从而实现对道德最

---

❶ 奥特弗里德·赫费. 康德的《纯粹理性批判》：现代哲学的基石 [M]. 郭大为，译. 北京：人民出版社，2008：293–361.

终目的的可能性条件的认知性把握。《道德形而上学》的方法论部分探讨不同的道德教育方法的价值和作用。康德比较认同道德问答手册的教育价值。

康德的方法论可以说是"一门科学",用于"指导教育者、学习者因地制宜地运用某些原理和原则",而且进一步"指出了这些原则和原理使用情境、方法、界限及最终要实现的目的"。❶ 李秋零同样将第一批判、第二批判和德性论的方法论看作康德教育哲学的内容。

综合来看,康德哲学著作的方法论文本蕴含着康德对教育的哲思。换言之,这些方法论内容为我们研究康德教育哲学提供了一个切入点。本研究设想能够通过对这些方法论的教育学阐述,勾勒出康德的教育哲学。在国内已有的研究中,从这个视角来研究康德教育哲学仍然存在可提升的空间。

本研究关注的主要问题就在于:如何将康德的教育哲学与其批判哲学著作尤其是方法论部分的内容联系起来?康德如何在这些方法论文本中阐释了他并没有以教育之名撰写出的教育哲学?

康德第一批判的先验方法论、实践理性的方法论、第三批判的方法论,以及伦理方法论和伦理教学法文本中的论述,能够使我们深入了解这位哲人如何理解哲学与教育学之间的关系,促使我们进一步思考如何培养理性自由,完成学习者的自我认识,并思考如何培养作为道德的、自主的学习者,并引导

---

❶ 王朝元. 走进审美王国:康德《判断力批判》研究 [M]. 桂林:广西师范大学出版社,2014:333.

学习者处理不同社会关系。因此，从教育学视角进一步阐述康德哲学著作中的方法论文本，能够给我们提供更多系统理解康德教育哲学的契机。五个方法论的内容构成了康德并没有以教育之名撰写出的有关教育的批判性哲思。

目　录

第一章 康德教育哲学的系统结构

第一节 论康德哲学的教育学意义

康德一生都致力于儿童和青少年教育事业，倾注了大量的心血。虽然不像杜威以教育主题来写作哲学，但是教育问题一直伴随着康德哲学思想的发展。在他独特的哲学概念中，如理论理性、实践理性、判断力、自然与自由、人格等，我们能够清晰地看到他的教育哲思。但是，魏尼格认为，康德的教育理论只属于"第二层次的教育术"。❶ 面对这种争论，有必要进一步阐述康德哲学的教育学意义。

---

❶ 转引自：王坤庆. 论康德对教育学的贡献［J］. 教育研究与实验，2001（4）：15.

一、康德开启了教育的现代化

教育在很长时间内都是一种实践的智慧。但是，教育本身也是一种反思性的科学，直到近代和现代，这种反思性的科学才得到认同。从这方面来说，康德开启了教育的现代化，使这种实践智慧的研究转向了科学研究。康德通过理性批判为提出科学的教育学理论基础、制订教育实践计划和开展教育实验奠定了根基。

孔子和古希腊"三杰"时期的教育理念，很少涉及儿童，而多数是涉及成人之间的教养和交往性的问题。比如亚里士多德就主张，把残疾的儿童丢弃，因为这样的儿童不利于国家的发展，并且不能保卫国家。正如康德所批判的那样，君侯们仅仅把他们的子民视为达成自己种种意图的工具。在康德看来，教育不能再像他的先辈那样，仅仅将教育囿于具有等级性的阶级教育之中，人是必须接受教育的造物；而且人类理应通过自身的努力，通过一代教育另一代的模式，把人性的全部自然禀赋渐渐地从自身中发挥出来。质言之，康德不再把教育诠释为伦理学和政治学的一个应用部分，而是把教育理解为一种在不同的视角下可能产生问题的代际实践。在康德看来，人类希望后代能够获得比他们自己前进得更远的发展。

而这也是康德之所以说教育是人类最大问题的根源所在。在他看来，这是古代哲学家没有意识到的问题，因为古代先贤并没有超越他们所处的时代去思考这个问题。亚里士多德和柏拉图都是从拯救城邦的层面来思考教育问题。具体而言，基于拯救城邦的教育取向仅仅是立足于本城邦的立场来规划教育，而各城邦拥有各自的生活方式，城邦与城邦之间并不能基于共同利益的基础而"设计出普遍的、统一的、适合于所有城邦的教育规划" ❶，在不同的城邦中，父母一般只关心自己的孩子在城邦中生活得好不好，而君侯们只关心国，仅仅把自己的臣民视为达成自己种种意图的工具。在亚里士多德那里，教育包括培养习惯的教育和指导的教育，而让下一代适应城邦的道德和法制之所以在理论学科和实践学科的教导之前，是因为教学只可能对那些在现实生活中已经培养起良好习惯并固定了一种生活方式的人有教益。❷ 在康德看来，现代社会将要进入的公民社会在很多方面发生了改变，公民社会将有自由的理念和理想，社会地位的藩篱将被打破，社会等级不再是通过出生所带来的再生产的过程。随着卢梭、康德、巴泽多对于新教育思想的探究与实践，18 世纪的教育目标不再由人的出生阶层以及出生后所生活的社会所决定，同样也不能由成年人在他们已有的习惯或凭借专制制定的教育预设所决定，新生一代学习者的教育目的与实施只能由他们所参与的教育过程本身来决定，而这也成为 18 世纪教育的构成性原则。

在这个意义上，康德说教育是一代人教育下一代人的活动，而且只有通过每一代人将他们自身所创造的经验和知识传

❶ 李长伟.康德的实践性教育：强制与自由的悖论 [J].教育学报，2019（4）：22.

❷ 迪特里希·本纳，彭正梅，亚历山大·冯·欧廷根，等.教育和道德：从古希腊到当代 [M].彭韬，译.上海：上海教育出版社，2020：39.

授给新生一代，并且新生一代在上代人知识经验的基础上补充某些新内容之后，再将它们传给下一代，从而促使学习者从人类当前的状态中解放出来，以此帮助新生一代适应人类未来更好的状态。人类的每一代都是在他所生活的旧秩序中接受教育的，因此，前一代所接受的教育是有问题的教育。最大的问题就是，前一代的教育者还无法认识到新生一代所处社会的变动性和不确定性。因此，教育实践并不是将下一代人带入一个已经熟知的时代，而是将他们带入一个未知时代的实践活动。所以他们之间的代际关系是以不确定的未来、以代际之间的问题为中心的。质言之，在康德那里，教育的关键任务是促使学习者学习思考，不仅要借助"训诫"帮助学生学会"服从纪律和理性的规定"，而且能够学会明智地、有教养地生活，并最终能够"选择真正善的目的"来行动，"出于德行的内在价值"而实践"德行"。❶ 也就是说，康德在《论教育学》中传递出一个不确定的观点，这不仅进一步提示了教师的价值，而且告诉我们，教育如何促使教育者或成年人实现与新生一代学习者的交往。

在康德看来，新生一代学习者的未来是不确定的，他们可能遇到各种不同的问题。因此，新生一代的可塑性就是一种不确定的可塑性，是向未来开放的、未被规定的可塑性。在教育者不能确定未成年的学习者在未来会成为什么样的存在者的情况下，无论是父母还是专业的教育者都不能无视学习者还没有

---

❶ 康德.康德论教育［M］.李其龙，彭正梅.译.北京：人民教育出版社，2017：13.

被确定的、面向未来的、开放多元的可塑性。在代际关系的教育模式中，作为前一代的教育者并不能代表处于发展中的、新生一代学习者的未来，他们只能与学习者一起正确理解、面对学习者偶然的、开放多元的未来。这就需要实现一种教育的转向，教育是为了引导新生一代形成一种自主获得的秩序，在没有必然的因果关系存在的情况下，能够自由地生活、思考和发展。

康德之所以断言人只有通过教育才能成为人，是告诫我们，在进行教育或者教育研究之时，需要批判那些对教师曾经接受过的教育的过分依赖。虽然人只有"通过同样受过良好教育"的教师"来受教育"，但那些自身并没有"在训诫和教导方面"受到良好教育的教师，必将是学习者的"糟糕的教育者"。❶康德所期望的是，要对教师进行专业性的培训，以此促使教育的改革与发展。同样要将教师培养成会自主思维的教育者，借此促使教育者突破仅仅将教育视为简单地迁移其青少年时期自身成长经验的过程，从而促使教育者借助自身理性反思他们曾经生活其中的教育体制与环境，在国家所推行的课程改革与提升公民素养体制改革的背景下，通过新的社会问题与新的哲学观念落实教育实践。

康德提出教育不仅是一门艺术，也是一门学问。首先，由于人类自然禀赋并不是自然而然地取得发展的，必须经历教育才能使人成长为人，所以人类需要作为一门艺术的教育。教育必须通过精心的设计、计划，张弛有度地促进人类自然禀赋的

---

❶ 康德.康德论教育［M］.李其龙、彭正梅.译.北京：人民教育出版社，2017：6.

逐渐发展。其次，之所以说教育是一门艺术，是因为教育是一代教育另一代的代际关系。教育艺术需要进一步展示出作为新生一代学习者是如何阐释或解释自己的经验的，而且需要促使学习者将他们自己的经验阐释为他们自身对世界的经历，同时阐释为他们自身努力的成败经验，以此调动学习者在自身发展中的主动性和自主性。康德将教育艺术划分为机械性的教育艺术和判断性的教育艺术，而要实现人类禀赋不断发展的教育艺术，是一种判断性的教育艺术。换言之，为了将机械性的教育艺术转变成判断性的教育艺术，需要将教育建设成为一门学问，提升教育的科学性，不然对教育本身就不能有任何指望，人类也将再次陷入生蛮状态。

康德延续了卢梭关于"儿童的未来是不确定的未来"的观点。教育就是涉及学习者不确定的未来的活动。在康德看来，儿童在家庭中可以获得无偿的居住和饮食条件，而儿童自身如果理所当然地认为可以从家庭和父母那里获得免费的基本生活条件，是完全不对的，他们必须自己去创造他们的未来，必须跳出他们自己熟悉的家庭环境，步入学校，选择职业，步入一个不确定的社会。人类并不是由本能所引导着，或者是由天生的知识所哺育着，而是由自己本身来创造一切的，同时也生产一切能够使生活感到悦意的欢乐，还有他的见识和睿智乃至他的善良。正因如此，康德一直主张所有的儿童都必须学会思考。人类所拥有的言语系统、思维方式、思维和判断能力，并不是可以通过遗传来传递的，而必须借助新生一代学习者的学习重新获得。正是由于人类这种可以不断发展、完善的自然禀赋，才将所有的新生人类相互联系起来，在世界主义的思想中，人人都是发展的、平等的。学校教育的核心任务就是促使每一个新生一代的学习者能够超越他所生活的原生家庭的生态环境，使他们作为自由的、独立的、有理性的主体同每一个具有同样禀赋的主体进行交往，借此融入社会，过具有交往性的公共生活。

康德主张将以往那种仅仅将教育视为实践实惠的学说，转变为一种科学，提出教育需要一种反思性的经验。康德进一步认为，要将教育发展为一种科学，就必须有实验。作为科学的教育艺术，并不是依赖于不加批判的、无组织的经验来实施的，而必须是以科学的原则、科学的计划为基础来实施的。在康德看来，正因为人类从自身理性出发已经可以判断哪些事情会是好的或是不好的，所以他们好像总认为实验之于教育来说并非必要的。经验告诉我们，人类努力的结果"往往与人类所预期的截然相反"；此外，在"代际关系"的教育模式中，"没有哪一代人能够制定出一个完美的教育计划"。❶ 这是康德"一手执着知性、一手执着实验"的思维方式在教育领域的应用。康德希望进一步发展教育学的科学性，建立科学的教育学，促使那些仅仅是机械的教育实践的艺术转变为以理性命题为引领、以实验为指导、以具有程序性的实际经验为基础来进行判断的判断性的教育实践艺术。而这也是杜威所强烈期待的科学的教育学所具有的根本属性。

---

❶ 康德.康德论教育［M］.李其龙,彭正梅.译.北京：人民教育出版社,2017：14.

康德之所以钟爱巴泽多的博爱学院，正是因为德绍学院开启了教育实验的新局面。但是康德也知道，即便是实验学校进行的教育也是需要不断变化的，因为它们所面对的未来，依然是代际性的、不断变化的未来。因此，教师教育学生只是为了孩子的未来，但是他们都不知道孩子的未来是什么，而只是促使儿童从当下的思维方式和行为方式中解放出来，趋向于一个更加完善的、开放的未来。

二、康德赋予"目的论"新的意义

康德在第一批判中讲知性是构成性的，理性是调节性的，后来讲教育的最大秘密在于完善人的自然禀赋。因为人类未定型的、不确定的自然禀赋，无论是父母还是专业的教育者，都不可能预设新生一代学习者的自然禀赋能够发展到什么程度。那么，对于教育者和学习者来说，我们该如何不断发展与完善我们所不清楚的自然禀赋呢？而这就成了有别于过往时代，尤其是城邦时代的教育问题。在新时代，这种囿于阶级分层的教育完全不能适应十八世纪的社会环境。在十八世纪，按照等级划分的人类资质并不能成为教育的起点，教育必须首先承认每个新生一代学习者拥有不确定的、不可被强行预设的可塑性和可教性。国王的孩子也必须去上学，必须接受多方面的教育，发展出不同种类的完善性和使命。这就是赫尔巴特的多方面兴趣的理论。也就是说，教育中的秘密就是，如何面对不可预知的人类的规定性和使命，并达到何种完善性的人的禀赋。康德认为，这就需要发展一种科学性的教育艺术。可以说，人的规定性与使命成为康德教育哲学中的先验性原则，也是一种调节性的原则。但是，具体到构成性和调节性的区分，必须回到亚里士多德的四因说来寻找根据。

范畴是世界的形式，也是思维世界的形式，因此，亚里士多德提出了四因说。在一定的时间和空间维度中，存在着形式因、质料因、动力因和目的因。亚里士多德将这四个因素和时空看作一种带有目的性的整体。具体而言，"胎儿的质料、形式、动力因和地点、时间以及目的因是在一种由目的规定的关系中相互关联的"，而"一个形成人的合目的的地方不是人造的容器，而是女性的身体，在女性的身体中，人从形成到出生都是由目的引导的"。❶ 但在近代，科学空间变成了三维空间，时空都可以用数学来丈量，也就是说，无论是外部世界，还是内部世界，都能够用数学来丈量。目前一切都进入了一种数学化的时间和空间之中，而这个时空就不再是范畴了。因此，现代科学仅仅关注的是前三因，而忽视了目的因。"文艺复兴时期，许多人都拒斥目的论原则（目的因）。"❷ 近代科学是一种数学化的科学，也已不再研究目的。人类整体实践的旧的目的论秩序的破灭，促使教育实践超越了由社会等级对学习者的未来所进行的确立的规定，但是，在无目的的环境中，教育也沦为了仅仅为社会进步服务的工具。

---

❶ 迪特里希·本纳，彭正梅，亚历山大·冯·欧廷根，等.教育和道德：从古希腊到当代 [M].彭韬，译.上海：上海教育出版社，2020：28.
❷ 西尔贝克，伊耶.西方哲学史：从古希腊到二十世纪 [M].童世骏，郁振华，刘进，译.上海：上海译文出版社，2004：95.

康德所主张的、作为反思性的教育科学，在亚里士多德的理论中却是积极的目的论的科学，亚里士多德的目的论否定了柏拉图所预示的作为目光转向的学习的可能性和必要性，而且否定了伽达默尔所认同、同样也是康德所倡导的消极经验的教育价值。换言之，随着对亚里士多德关于人性认识的反思，人们越发认为，对于新生一代的学习者来说，再也没有能够提前预设的、确定的、建立在永恒目的之上的秩序了。新生一代学习者不再生活在由旧式的目的论秩序所决定的社会中，他们必须自己设立自己在世界中的位格，并通过自身努力来确定和保障自身所处的位格。这就需要一种新的目的论及其论证。这种教育"不再是带着预先规定的个人的使命来培养习惯和进行规训，而是拓展经验和拓展交往"。❶

无论是就教育还是就政治而言，康德对于目的论的解释更具有开放性。正是在这个意义上，康德超越了亚里士多德。在《纯粹理性批判》中，康德展示了人类知性通过时空来直观世界。但是，这个直观过程仅仅涉及形式因、质料因、动力因，而排除了目的因。也就是说，前三种因素对于知识和认识来说是构成性的。换言之，近代科学的发展促使人类看到，自然的发展并不是能够依据目的论来阐释的，人类需要借用人类知性所建构的、借助实验检验的自然法则来解释自然的发展进程。不过在康德看来，虽然在所有的科学研究中目的论失去了原有目的因的价值，但是，目的论从亚里士多德式的构成性因素转

---

❶ 迪特里希·本纳，彭正梅，亚历山大·冯·欧廷根，等.教育和道德：从古希腊到当代 [M].彭韬，译.上海：上海教育出版社，2020：73–75.

变成了一种调节性理念，来发挥它在科学研究中的价值。按照亚里士多德的四因说，目的因是一种构成性的存在。但在康德这里，目的因发挥着调节性的作用。这正是《判断力批判》的内容所要解决和强调的。自然科学仅仅研究纯粹的因果关系或因果性，而不研究目的，因果性成为自然科学中的主要范畴。但是，科学进步并非只有因果性范畴在起作用，科学进步离不开调节性因素，目的论并没有消失。悖论的是，这些目的并非科学研究和科学进步能够探究和认识的，它们作为调节性因素起范导性作用。在康德那里，目的论并非作为理论本身被学习者所研究和关注，而是作为调节性理念引领学习者提出问题假设，随后借助实验，来进一步检验假设的合理性，从而实现对理论的革新和建构。人的能力是人类在历史上对这种能力的运用中产生的，而这也造就了各种文化制度，并且它们是不可能通过自然遗传获得的，而必须通过学习过程得以掌握，而且人类的学习过程并不是孤立的、封闭的，而是在教育的各种条件下协作式发生的。这样一来，科学、政治、教育都有了一种开放性的目的论。

正是为了解决调节性因素的问题，鉴赏才最终成为康德所要思考的主题。在构成性的角度上存在的因果性的因素，如何在理念层面上是自由的，是一个亟须解决的问题。这个问题在《纯粹理性批判》中并没有得到回应。《判断力批判》的第二部分是目的论判断力批判，和目的因有关，可以看作第一批判的附属。第一部分是审美判断力批判，可以看作第二批判的附属。但是，审美判断力并不是一个附属品，这个内容突破了因果性和目的论之间的二元关系。借此康德重构了一种思维方式，也就是说，我们可以通过"既……又"的形式来思考问题，比如美既不是因果性的，又不是目的性的。审美判断力主要讲的是鉴赏、品味的形成问题，而这本身就是一个教化和教养的问题。比如如何培养公民的共通感，或者借用"共通感"来促进公民之间的沟通和交流。黑格尔、施莱尔马赫都认为，《判断力批判》促进了教育学的产生。作为康德的继承者，赫尔巴特在康德的《判断力批判》中抽象出了审美判断，并从中寻找到了实践哲学不作判断，但是教人学会判断的哲学根基，并进一步提出对世界的审美展示才是教育的首要任务。

这就使我们对亚里士多德的四因说有了一种全新的认识，用康德的话来说就是，"批判指点其他所有纯粹概念都居于理念之下，理念对我们的理论认识能力来说是越界的，但在这方面却绝不是无用的或者可以缺少的，而是用作调节性的原则：一方面抑制知性的令人忧虑的僭越"，而"另一方面为的是在考察自然时按照一条知性尽管永远达不到的完备性原则来引导知性，并由此来促进一切知识的最终意图"。❶ 这样就在构成性和调节性之间形成了一种新式关系，也就是说，知性就认识能力而言，而理性就纯粹欲求能力而言都是构成性的，而唯有判断力所指向的愉快和不快的情感来说是纯然调节性的，这样一来，康德也用这三个批判完成了对人类理性的批判。在康德之后，理论和科学所要求的优先权不再出于对一种个别活动按照

---

❶ 康德. 判断力批判［M］// 李秋零. 康德著作全集：第 5 卷. 北京：中国人民大学出版社，2005：176–177.

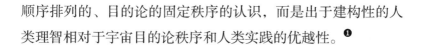

顺序排列的、目的论的固定秩序的认识，而是出于建构性的人类理智相对于宇宙目的论秩序和人类实践的优越性。❶

三、教育是人类进步的支柱

康德在完成批判体系之后，就将关注点转向了形而上学的理论建构，旨在建构一种新的形而上学理论。在这个背景下，康德完成了《论永久和平》。

国家要保证和平发展，军队是必须的，未来的国家都必须建设自己的军队。未来军队的理念是什么呢？未来军队的理念就是保卫永久和平。这种理念要求每个国家都能保卫自己国家的和平，但是，在这种理念下不可以为了攻击别人而缔结一种和平，而要缔结和平就需要不同国家之间达成一种协约。康德在十八世纪的论述，为当代的现实问题提供了一种想象力。既然战争是不可避免的，那么永久和平就是一项理念。我们要在政治上做这样的努力，以使战争不再是必要的和必然的，那些和平主义者将康德推崇为他们的哲学根基。每个国家都要能够保卫自己，否则就会成为战争的牺牲品。就像永久和平是一项理性理念，康德在《论教育学》中提出的训诫、培养和文明化，也都是在理性的理念即道德化的目的之下进行的。但是人类无法准确地知道什么是道德性，因为道德取决于教育，教育也是依赖于道德的，这是个开放的、具有探索性的、没有完结

---

❶ 迪特里希·本纳．普通教育学［M］．彭正梅，徐小青，张可创，译．上海：华东师范大学出版社，2006:93.

性的概念。所以教育能够促使人类在未来实现自我，这不仅是教育的理念，也是最好的教育理念。

但是更好的人类状况，并不是由教育带来的和引发的，而是由教育支持的。教育通过不同的形式来促进人类的完善性，而更好的状态只有通过人类的共同交往和协作才能实现。也只有在"世界公民法权"之上的"永久和平"的理念指引之下才得以实现。❶

康德坚信教育的世界主义信念，而这种培养世界公民的世界主义教育信念并非单个人的目标，而是整个人类的目标。康德认为，人类拥有一种道德和政治的世界主义倾向，作为类存在的人类物种的自然禀赋，可以在一种普遍的世界公民状态中得以实现。但是，无论是作为父母还是教育者都不知道人类物种的世界主义倾向具体是什么，教育者须在学生的教育中强调这种世界主义，需要将教育计划设计成世界主义的形式。同时需要将"人类就集体而言"总是渴望"结成一个不断受到分裂威胁、但却普遍地向着一个世界公民社会（世界主义）进步的联合体"❷发展的倾向，作为人类的自然禀赋去追求。康德提出的作为世界主义的教育计划暗示教育者必须承认全世界所有人的道德地位，而且要将这一理念传递给新生一代学习者，以至于所有民族都感觉得到在地球的任何一个地方对法权的侵害，唯有如此，人类才能够不断接近永久和平。康德在《论教育

---

❶ 康德. 论永久和平 [M] // 李秋零. 康德著作全集：第 8 卷. 北京：中国人民大学出版社，2010：363.

❷ 康德. 实用人类学 [M] // 李秋零. 康德著作全集：第 7 卷. 北京：中国人民大学出版社，2008：327.

学》的最后提出，作为世界主义的教育计划，需要培养学习者的仁爱之心、世界公民的胸怀以及对世界福祉的关切，具体而言，学习者需要关切我们自己、同我们一起成长的他人以及世界之至善。康德所主张的世界主义的教育计划以人类的完善为目标，学习者需要学会成为世界公民、学会尊重所有人固有的尊严和道德平等，从而促进人与人之间沟通与合作。

正如树木森林隐喻所暗示的那样，假如树木单独生长，它就会毫无顾忌地、胡乱地生长，而对于森林中的树木来说，每棵树之间虽然存在一种竞争关系，它们努力获得各自所需的阳光和水分；但是它们之间也是一种相互促进的关系，从而使得每一棵树都发展出了坚实的根基。作为单独个体的每一个人都将具有"一种强大的、要求自己单独化（孤立化）的倾向"，而这种"非社会性的本性"，也使得个体在社会生活中"处处遇到阻力"，并且他们也"倾向于成为"同伴的"阻力"，但是，正因为这些"阻力才唤起了人类的全部能力"，并鞭策着人类"去克服自己的懒惰倾向"，努力在同伴"中间为自己争得一席地位"。❶ 所以康德说，学校就是人们成长的森林，人的教化就像森林中的大树，有一个相同的纲领和程序。这就是说，新社会的学习者都不会再生产偶然的、社会性的等级，而是带有同等权利的公民，就像树木在森林中一样，拥有同样的阳光。

新社会新生一代的更好的人类状况是怎样的呢？为了解决

---

❶ 康德. 关于一种世界公民观点的普遍历史的理念 [M]// 李秋零. 康德著作全集：第 8 卷. 北京：中国人民大学出版社，2010：28.

这个问题，康德提出了报春花的隐喻。对于报春花来说，如果从根上长出来，总是相同的颜色，这就如同人在旧社会中，总是具有阶级的固化，每一代和下一代是一样的。但是如果进行嫁接的话，就会出现一种多姿多彩的情况。种子也就是学习者原始的自然禀赋，是学习者之所以能够成长为独一无二的主体的胚芽。教育者需要引导，且不能割舍学习者的原始禀赋的发展。这一教育隐喻也告诉我们，最好的人类世界，总是出现在最近的一代人所处的世界中。较早出生一代的禀赋中就带有为促进新生一代更好发展的责任。但是，较早出生一代所拥有的完善他人的责任与康德所提倡的自我完善的责任相互矛盾。促使一个新生一代学习者的完善成为教育者的目的，并且认为教育者对促成这种完善有义务，这是一个矛盾。教育者并不能使学习者达到至善，而只有学习者通过自身努力做到这一点。正因如此，我们需要把树木森林隐喻和报春花隐喻关联起来理解，也就是说，更好的人类状况，就是每个人都像森林中的树木一样，有同样的权利和尊严，又像报春花一样，都是多彩的、有个性的。

四、宗教和历史观是理解人类进步的理性理念

在基督教文化中原罪是可以被遗传的，而第一个人就带有这种罪。康德并不认同这种原罪说。康德认为没有被遗传的恶，而只有一种恶的倾向被遗传了。每个人都可能发展他恶的倾向，并使恶的倾向变成现实。恶必须被理解为一种可能实现

的倾向。这种倾向什么时间开始显现出来呢？康德认为，当一个人更在乎自己的幸福，而不在乎别人的幸福时，这种恶的倾向就显现了。同时，每个人都有善的禀赋，善的禀赋能够克服自私的、恶的倾向。善的禀赋是要让别人也幸福的本性。至于是善的禀赋，还是恶的倾向得以实施，这是尚未确定的，这个时候就需要从三个层面来审视善的禀赋。

在 1793 年的《纯然理性界限内的宗教》中，康德描述了人类全部的规定性或者说是人类存在的全部目的，以三个层次展示在人的本性之向善的原初禀赋中，即人的规定性的要素包括：（1）从学习者是有生命的存在者来说，他们具有动物性的禀赋；（2）从学习者是有生命而又具有理性的存在者来看，他们具有人性的禀赋；（3）从学习者是有理性同时又能够承担起道德责任的存在者来分析，他们具有人格性的禀赋。❶ 他进一步规定了这些要素，这里所说的仅仅是那些与欲求能力和任性选择的使用直接相关的禀赋，换言之，所有这些层面的禀赋，都是根据它们与设定目的的任性和意志的理性能力的相关性来理解的。在《实用人类学》中，康德将这三个层次的禀赋称为：（1）技术性禀赋，也可以说是与意识相结合的机械禀赋；（2）实用性禀赋，也就是灵巧地利用别人来达到自己的意图；（3）道德禀赋，也可以解释为按照法则之下的自由原则来对待自己和别人。❷ 因此，康德在《道德形而上学》的德性论

---

❶ 康德. 纯然理性界限内的宗教［M］// 李秋零. 康德著作全集：第 6 卷. 北京：中国人民大学出版社，2007：24–25.

❷ 康德. 实用人类学［M］// 李秋零. 康德著作全集：第 7 卷. 北京：中国人民大学出版社，2008：317–318.

中提出，为自己设定某个目的的能力，是人类与动物有别的显著特征，正是在这种背景下，他强调培养人本性中的原始能力是学习者自己的义务，这同时也是实践的需要，只有这样动物才能成人。换言之，从人的意志行为的角度来看，这类培养的发生，并不仅仅是偶然事件，也不仅仅依赖于环境。相反，获得或促进学习者实现各种各样可能目的（一切目的）的能力是首要的目的。如果学习者要达到其规定，就要发展他们的所有自然禀赋，把人性从其胚芽中展开，而这是学习者自己必须承担的一项明确任务。从教育学意义上讲，对这些禀赋的培养包括发展与学习者的禀赋相关的技能、善于处世或者把学习者的技能用于人身上的艺术，以及在绝对意义上获得道德人格（品质），并以此作为一种思维方式。所有这些对人类三重禀赋的不同描述，都是对什么是人性中普遍的、原始存在的理性的表达，并与它的偶然性形成鲜明对比，文化的可能性只能通过后验才能为学习者所知。主体和历史的可能性的发展，就是成人，这是在人的规定和使命的普遍理性原理的界限内适时发生的。从康德的《论教育学》中可以发现，学习者心灵力量的自由培养的重要规则是，没有一种心灵力量是单独培养的，与此相反，他们心灵的每一种力量必须与别的心灵力量相关联起来培养。这些文本描述了学习者的禀赋和它们的发展，也有助于理解理性的概念，理性具有与他们禀赋相关的实践的和自主选择或自由任意的力量。康德经常将理性看作存在者的一种自然禀赋，也是学习者的"人类本性"，是他们"运用自己自由的主观根据"，是"采纳善恶准则"的"第一基础"，也是他们选择能力的基础。❶ 由此可见，人类的禀赋或使命要求每一个社会成员督促自己来完善自身，通过自身努力做到有道德，自己完善自己。

在反思法国大革命之后，康德认为，革命是观察者意识当中的一种历史标志。民众不能通过革命变得更好，而是通过康德所说的四个教育阶段变得更好。这就需要引入一种理性的历史理念。这就是康德所说的上帝的理念。它有一个善的开始，善的源泉，善的初始。这就是他的宗教理念，即便人类在生活中，在善的活动中失败了，它也是值得的，这就牵涉宗教信仰的问题。宗教并非论述原罪的问题，而是告诉我们，世界上存在一种意义，并不是由我们个人所决定的，而是因为人是有向善的禀赋的，而且这有一个宗教上的理由和根据。康德在《逻辑学》中提出了四个问题，即（1）我能知道什么？（2）我可以做什么？（3）我可以希望什么？前三个问题归结为（4）人是什么？❷ 这四个都与宗教有关，在"我能知道什么？"这个问题中，科学并不了解目的，并不去研究神性在现实中的存在，这就是知识和科学的界限。"我可以做什么？"代表着我们应该以人性为先验原则来思考我们应该做什么以及不应该做什么。"我可以希望什么？"表明我希望批判可以为进步提供根据，但是我不能说批判能够解决未来的一切问题，也意味着没有一种绝对完善的历史的终点。但是人类可以希望，批判有助于进

❶ 康德. 纯然理性界限内的宗教 [M]// 李秋零. 康德著作全集：第6卷. 北京：中国人民大学出版社，2007：19-20.
❷ 康德. 逻辑学 [M]// 李秋零. 康德著作全集：第9卷. 北京：中国人民大学出版社，2010：24.

步，让我们变得更好。但"人是什么？"只有从历史中才能得到答案，人类对于自身来历和未来都是未知的。即便如此，人却创造了科学、文化、艺术、语言，而"人是什么？"这一问题依然持续存在。对于这一问题的思考也是一个开放性的问题，这就代表着教育永远是一个开放性的问题。从这些来看，康德的哲学是一种回答"人是什么？"的教育哲学。由此可见，康德是一位新时代的哲学家，也是一位新时代的教育家。康德开启了教育及教育科学研究的新时代。

第二节　康德的教育阶段论

整体而言，规训（训练）、培养（文化化）、文明化和道德化四个教育阶段（行动），构成了教育的系统性结构，其中规训、培养和文明化，也被康德称为预备性教育阶段。这解决了从动物性向人性的最初转变，以及作为单独个体的禀赋（能力）、作为社会人的禀赋（能力），以及作为个体人性的禀赋（能力）的逐级实现。此外，康德的人类历史阶段和他对人类禀赋的描述都与这种划分相对应。因此，康德的教育阶段对他的教育理论的分析非常重要。但是，系统结构的问题需要一个原则，这个原则将各部分之间联系起来，并达到这些教育教学阶段要实现的最终目的，从而将它们整合成一个系统的整体。人的规定性与使命就是这个原则。

　　道德发展和教育形式的问题构成了康德哲学思考的重要主题之一。康德的教育阶段就是道德发展的进程。首先，康德关于教育的评论经常建立在完美物种的语境上，这使得他能够同时强调两种所谓的族类，即人类天性的特定方面和族类范围的知识。在他看来，地球上的其他生物不需要任何教育，而人是唯一必须受教育的被造物。康德提出，人类就是从他们的父母那里学习唱歌，人是唯一必须接受教育的动物，除了鸟鸣（鸟儿学习唱歌之外）。❶ 这种观点，较之前面的观点明显缓和了，他承认动物也能够学习。在《关于一种世界公民观点的普遍历史的理念》一书的脚注中，康德提出，人的角色是非常人为的，也就是说，学习者通过自身努力来造就自己，而人类同样不了解其他行星上的居民及其本性是什么性状；但是，如果我们很好地实现了自然的这个委托，那么，人类在我们世界大厦的邻居中可以保有一个微不足道的地位。也许在邻居那里，每个个体都能够在自己有生之年完全达成自己的规定性，但是，在人类这里，唯有类才能希望做到这一点。❷ 所以康德的教育理论针对的是一种特殊的理性动物，它的成员由于某些与其构成有关的生物学因素而需要接受教育。

　　其次，学习者由于其本性或者自然性，而需要接受道德教育，从而生活在世俗世界的道德秩序中。根据康德的观点，学习者的道德观念和道德行为是广泛教育过程的预期结果。因为

---

❶ 康德. 实用人类学 [M]// 李秋零. 康德著作全集：第 7 卷. 北京：中国人民大学出版社，2008：318.

❷ 康德. 关于一种世界公民观点的普遍历史的理念 [M]// 李秋零. 康德著作全集：第 8 卷. 北京：中国人民大学出版社，2010：30.

在教育背后，存在着关于人类本性之完满性的伟大秘密，道德本身，至少就人而言，是以教育为前提的。康德的道德观不能简单地说是教育的因果产物，但它确实假设教育是必要的先决条件。因为就天性而言，学习者还不完全是一个道德性的存在。❶ "道德性的理念还是属于文化。"❷ 道德属于文化，从一定意义上来说，因为它必然以文化的发展为前提，而且只有在文化发展的基础上才能发展出来。言而总之，学习者是必须接受教育的，而且需要接受道德教育，而规训、培养和文明化，是为了道德化得以实现的预备性教育阶段。

一、作为培养基础的纪律和自然的教育

康德在其《论教育学》中以各种不同的方式，甚至偶尔前后不一地谈论了教育的阶段和划分。

首先，康德用了几个不同的词语来指涉这一领域。他最喜欢用的术语是 eriehung，对应的英文单词是 education，中文译为教育；但是，他偶尔也用 erziehungslehre，对应的英文是 doctrine of education，中文译为教育的学说；他也会用到 erziehungskunst，也就是教育的艺术，对应的英文是 art of education。这些都可以替代 eriehung，也就是说这四个词可以交替使用，尽管后面三个词有时更多地指教育理论，而第一个

---

❶ 康德.论教育学［M］.赵鹏，何兆武，译.上海：上海人民出版社，2005：46.
❷ 康德.关于一种世界公民观点的普遍历史的理念［M］// 李秋零.康德著作全集：第8卷.北京：中国人民大学出版社，2010：30.

词指的是教育过程本身。

教育的第一个阶段是照料。各种本质上相同的术语被用来指代这个过程，包括 verpflegung，对应的英文是 maintenance，中文是维系；unterhaltung 也就是养育，英文译为 support；versorgung 即 "照料"，英文译为 provision。照料将学习者纯粹作为自然的一部分来处理，并涉及人类生命的第一阶段，也就是说，学习者还是个婴儿时本能地需要照料。因此照料不在教育的范围之内。照料是指借助于照料者的防御措施，使孩子不会有害地运用其能力。照料是自然教育的一部分，而不是实践教育的一部分，它构成了 "人与动物共同的教育形式"❶。然而，康德虽然说人是唯一必须接受教育的被造物，但是，根据他对照料的解释，照料不在教育的范围之内。

教育的第二个阶段是 disziplin，中文是纪律、训诫，英文译为 discipline。而 zucht 可以作为它的替代者，也就是管教或规训，等同于英语的 training。像照料一样，纪律最好也理解为教育本身的一个初步阶段，训诫把动物性转变成人性，但是，改变并不意味着毁灭。恰恰相反，纪律意味着设法防止动物性对人性造成伤害，因此，纪律不过是对野蛮的驯服。那些违背学习者目的的动物冲动应该通过纪律加以控制，纪律防止学习者因动物冲动偏离自己的规定性，也就是人性。从广义上讲，纪律这项教育任务，在其他地方也被康德称为消极教化 / 培养，即 "适应性的后一个条件，可以称为纪律（教化），它

---

❶　康德. 论教育学 [M]. 赵鹏，何兆武，译. 上海：上海人民出版社，2005：15.

是否定性的，将意志从欲望的专制中解放出来"❶。"纪律是教育和教化的消极"部分，一定意义上它的主要任务是防止不良习惯，也就是防止越轨行为的养成，而不是塑造一种思维方式。而作为消极性的规训或训练则是要把野蛮性从学习者身上去除的活动。

康德列出了指导纪律（规训、训练、训诫）的三项原则。第一，允许幼年时期的学习者在一切事情上都是自由的（在他伤害自己的事情上例外，比如他抓一把无鞘的刀），只要这样做不妨碍别人的自由。例如，如果他喊叫，或者大声嬉戏，这就烦扰了别人。此原则应从学习者的最早阶段开始运用。第二，这个原则适用于稍大一点的学习者，即有必要向学习者提出唯有通过让别人也达到自己的目的，他才能达到自己的目的。通过这种方式，学习者学会了适应监护人对他的期望，并把他人的自由视为对自己自由的限制。当他们再长大一些时，就可以使用第三项原则，即父母应向学习者证明，施加给他的一种强制把他引向运用他自己的自由来培养他，使他可以不依赖别人的照料来自主成长，而这一点是应该最迟做的。最初从机械层面上防止学习者伤害自己和他人。接下来，他开始接受对自己自由的限制，因为他会干扰他人的自由。最后，要引导他，使他理解为什么他的自由要受到这种限制。这个最后阶段标志着他开始向有反思能力的学习者过渡。

康德认为，纪律是理性所必需的训练。不过，"伦理的训

❶ 康德. 判断力批判［M］// 李秋零. 康德著作全集：第5卷. 北京：中国人民大学出版社，2005：450.

练只在于"学习者"与自然冲动作斗争"时，而且要"出现在威胁着"学习者"德性的情况时能够制服自然冲动"。❶纪律是学习者使用自己的理性，把动物性变成人性，并防止他们由于自己动物性的动机而偏离其规定，即人性。这些关于纪律的定义，与康德在其他文本中关于偏好或激情的描述基本保持一致。问题就是那些野蛮的或不合法的自由状态，而这种野性或不守规矩的状态，在程度和种类上来说，只是具有理性并因此具有自由概念意识的独特的动物性的能力，但这种动物性的能力如果缺乏规训，甚至可能会阻碍学习者成长为理性的、道德性的存在者。正如康德在《论教育学》中所论述的那样，正因为学习者是生蛮地来到世上，而一种外在的理性已经为动物安排好一切，所以，动物不需要使用理性，但学习者却要使用自己的理性，来给自己制订其行为的计划，即应当通过自己的努力，从自身中发展人性的全部自然禀赋，但在这个过程中，必须限制学习者，去除野性的行为，使其不会野蛮地、不假思索地陷入危险，从而防止由于野蛮化而堕入生蛮之中。也就是说，必须铲除背离法则，特别是背离正义或人道权利的偏好，使学习者不是受他们自己的自然偏好和冲动的驱使来行事。这也是康德反复强调的。但是，这些自然偏好和冲动虽然是必须驯服和抑制的，但并不需要根除，因为自然偏好从自身来看是善的，与恶并无直接的联系，而且为德性提供了契机，此外还能带来一种整体中的幸福的和谐，因此只有在出现威胁着道德

---

❶ 康德. 道德形而上学［M］// 李秋零. 康德著作全集：第 6 卷. 北京：中国人民大学出版社，2007：495.

性的情况时，才需要制服自然冲动。

在这个发展阶段，孩子对禁令的服从是基于对惩罚的恐惧。康德解释，学习者的恭顺一则是肯定性的，也就是说，由于他的模仿能力占优势，导致他并不能自己判断，正因如此，学习者需要做给他规定的事情；二则是否定性的，这是说，假如学习者希望他人应当做让他自己欢喜的事情，他本人就必须做其他人希望他应该做的事情。否则，对于前者来说就会有惩罚，对于后者来说出现的则是教育者不做他希望的事情。学习者在这里尽管已经能够思维，却仍然取决于自己的愉悦。这导致康德提出在教育的第一阶段通过说"你羞不羞！"来警告学习者是错误的，这类事情根本不应当发生，因为学习者对羞耻和得体还没有任何概念。因此，同此时的学习者谈论义务，是不合时宜的，他们最终会把义务看作某种触犯了就会受到惩罚的东西。所以，必须首先通过惩罚来加强道德。在康德那里，相对于身体的和自然的惩罚，道德的惩罚是指伤害那些作为道德性的辅助手段的、受尊敬和被喜爱的偏好，例如，通过冷淡漠然地对待学习者，使其感到羞愧。当学习者由于自己的行为给自己带来不良后果时，就会发生自然的惩罚。例如，当他因吃得太多而感到不适时或者生病时。康德认为道德的和自然的惩罚是最好的。身体上的惩罚只是对道德的［和自然的］惩罚不足时的补充，但绝不应该在伴有愤怒的征兆下进行。此外，必须格外谨慎地使用体罚，因为这会导致学习者产生奴性，或养成受奴役的倾向，这直接违背了道德发展的目的。这种控制自我的能力是为了取代渴望凌驾于他人之上的冲动，但是那些禁欲主义的极端化形式，没有给任何自然偏好留下余地，而被康德明确地拒绝了。

康德的目标是为学习者的发展腾出地盘。❶ 这个目标就是要实现或塑造道德人格（品格或性格）。从这种观点来看自然倾向和冲动，是为了辨别由理性确定的合目的的条件，从而将学习者的意志从感官偏好的专制或者欲望的专制中解放出来。这就是教育作为纪律或规训的消极任务。它将动物性改变成人性，因此是不可缺少的第一步，而且"训诫中的失误是无法补救的"，所以是不能"耽搁的"。❷ 正如康德在《纯粹理性批判》中所警告过的那样，仅是礼貌的外部形式，仅是一个彬彬有礼、正直可敬、谦和端庄的面饰（装扮），就构成了使人脱离野蛮状态的权宜之计或临时性的手段，但这种长期掩饰与伪装可能会长期威胁压制道德善的意向（gesinnungen）的发展。❸ 如果没有规训（训练）使学习者的内部发生变化，人们最多只能生活在卢梭的礼貌社会，而没有美德，另外也可能处在一个争执不断，甚至是战火四起的非常糟糕的人类状态。无论哪种方式，人性状态的本质特征都是独立于法则，但自由也不是主观性地任意做事情，因为自由包含着坚守一定的法则，这也是人类的先决条件。康德教育学中的教育目的已经存在于规训

---

❶ 康德. 判断力批判［M］// 李秋零. 康德著作全集：第5卷. 北京：中国人民大学出版社，2005：451.

❷ 康德. 教育学［M］// 李秋零. 康德著作全集：第9卷. 北京：中国人民大学出版社，2010：441，444.

❸ 康德. 纯粹理性批判（第2版）［M］// 李秋零. 康德著作全集：第3卷. 北京：中国人民大学出版社，2004：480.

（纪律）程序中了。必须认识到的是，康德不是在生物学也不是在描述性心理学的意义上使用动物性一词，而是将其作为生活道德立法或规范的相对概念来使用。必须通过朝着实现无条件的、理性的人类目标迈进的教育教学手段，即通过纪律、训练从而实现学习者从动物性开始转变的课程计划是根据最高的教育宗旨来判定的，而不是根据给定教育者的特定标准来选择的。从人性理念作为超越历史的规范来看，道德化承担了艰巨而自相矛盾的工作，由此可见，康德的教育学概念是由理性的理念决定的。从具有道德人格（品格）的角度来看，人性的无法则的运用或者是非法行为表现为由重大疾病带来的发烧和肿胀等并发症，而纪律（规训）可以看作第一步的预备性教育或预备性治疗，通过消炎来减轻并发症，从而达到道德抑或机体的健康状态。只有在身体机能处于良好状态的情况下，才能实施下一步的治疗方案，也就是说，只有在这种状态下，学习者的禀赋或能力才能有所准备，也能适应、承担起对他们的积极培养。因此，培养是继纪律或训诫之后的下一步教育阶段。

二、孕育道德是培养和文明化阶段的目标

纪律的积极性价值，就是为培养、教化或者文化化铺平了道路。bildung 被译为教化和塑造，对应的英文是 formation。康德有时会用 kulture 来替换，中文是培养或者文化，对应的英文是 culture。在康德看来，培养、文明化和道德化，主要是从消极的训练转向积极的教导和实践的教育。实践教育的目的是

使学习者成为一个"自由行动的存在者"。❶ 但是，由于培养和文明化都表现出相似的发展逻辑，因此可以将它们视为一个单一的阶段，由于发展逻辑的不同，可以将道德化视为一个与其不同的阶段。

文化（cultur）这一术语在现代语言中，尤其是在现在的教育学话语中被广泛采用，意义重大，而康德对于这个术语的发展作出了重要贡献。文化或培养的概念源自拉丁语，本意用于土地耕种或耕作，可能在十七世纪末才进入欧洲使用，从cultus 到 colere，再到现在的 cultura。它最初意味着对身体和心灵的关爱和照顾，而最终文化（culture）成为与自然相反的术语，指代学习者所获得的成就，比如获得的习惯、技能、艺术、工具、科学以及制度等，而这与自然所赋予的内容是有冲突的。

追踪康德对该术语的用法，不仅有助于弄清他意欲传达的意思，而且对于深入了解他的教育学关注点及与他的批判哲学的联系都具有指导意义。在所有的著作中，直到《道德形而上学奠基》中才明确提到了拉丁语的文化（cultura），并将其翻译为德语词汇 anbau，这个词的字面意思就是指农业意义上的耕作、种植、栽培等，但是在《道德形而上学奠基》中使用了这个词的扩展意义，也是拉丁语本身的意思，即对身体和心灵的关切和照顾。用康德自己的话来说就是，"培植（cultura）作为达成各种可能目的的手段的自然力量（精神的、灵魂的和肉体

---

❶ 康德. 教育学［M］// 李秋零. 康德著作全集：第 9 卷. 北京：中国人民大学出版社，2010：455.

的力量)",是学习者"对自己的义务"❶。在《判断力批判》的目的论判断中有类似的陈述,但使用的是 cultur 的表述形式,即某个"有理性的存在者一般而言对随便什么目的的适应性(因而是在他的自由中的适应性)的产生就是文化"❷。从最广泛的意义上来说,"培养"涉及三个层面的人类禀赋或能力,即关于发展技能、善于处事(谨慎)及最终的道德人格的问题,以及关于前两层面与最后的道德化之间的关系问题。而最后这些问题依然没有得到彻底解决。当纪律或规训使野蛮状态或任性妄为得到控制时,培养便可以塑造或培养生蛮的、粗野的,以及未发展的自然禀赋了。文化的概念从本质上讲,就是通过耕作或劳作来塑造或者培养不发达的自然才能。因此,耕作的概念从本质上暗示了教育的问题,内含着学习者的自我教育。

"培养"一词第一次出现在《1765—1766 年冬季学期课程安排的通告》中,康德认为他之所以选择迈耶尔教授的手册,是因为这个教材既有利于理解虽然平庸但却是行动的、积极的、健康的知性的培养(bildung),而且能促进更精致和博学的理性的文化(cultur)。cultur 一词涉及理性的培养的含义,也是康德在后面继续使用这一术语的特征,不过这一点直到《纯粹理性批判》的问世才出现。在《纯粹理性批判》之前,康德甚至都没有使用过 cultur 的动词形式。因此,从这个角度来看,李秋零翻译成"培植"也是合适的。但是,事实上在这里

---

❶ 康德. 道德形而上学 [M] // 李秋零. 康德著作全集:第 6 卷. 北京:中国人民大学出版社,2007:455.

❷ 康德. 判断力批判 [M] // 李秋零. 康德著作全集:第 5 卷. 北京:中国人民大学出版社,2005:449.

翻译为"培养"更为合适。

康德在第一批判中通过阐述对理性培养来理解这个术语，并在第二批判中明确预演了这一术语所具有的对实践理性的培养，并最终拓展到对学习者一般能力的培养。在《判断力批判》中，康德在培养心智能力的需求方面继续使用培养一词，尤其是在审美领域表现为审美判断力的能力，特别是指对自然的崇高判断力的培养。康德特别指出，培养本身并不是崇高判断力的起源，教育者仍须关注人性固有禀赋的发展。就崇高的判断力而言，它的人类本性基础不过是对道德的感受。这提醒教育者，培养是发展既定能力的一种手段。

康德在《纯粹理性批判》中提到了消极培养和积极培养之间的差异。康德指出，教育者"把用来限制、最终根除经常偏离某些规则的倾向的那种强制称为训练"，不过它不同于"教化，教化应当只造成一种技能，并不去除另一种已经存在的相反技能"，也就是在这个基础上，"对于一种已经独自具有表现的冲动的才能的形成来说，训练所做出的是一种消极的贡献，而教化和学说所做出的则是一种积极的贡献"。❶ 康德将 bildung 和 kultre 两个宽泛性的术语作为同义词来使用，即培养、教化，也就是广义的教育。培养包括各种更具体的过程：教导、教授、指导和教导，具体是：unterweisung，译为教导，英文翻译为 instruction；belehrung 英文翻译为 teaching，对应的中文是教授；anführung 英文翻译为 guidance，对应的中文为指导或引

---

❶ 康德. 纯粹理性批判（第 2 版）[M]// 李秋零. 康德著作全集：第 3 卷. 北京：中国人民大学出版社，2004：457–458.

导。同样重要的是，康德经常在双重意义上使用"文化"这个词，就像其他教育阶段一样：有时它指的是学习者作为一个整体的类，超出动物性的人性的一般塑造或培养；有时它指的是针对特定群体和个人的更具体的教育过程。

培养就是获得技巧，这包括培养学习者低级的和高级的心智能力，即培养学习者的知性、判断力和理性，以及学习者的机智、想象力和记忆力。通过培养，学习者获得了达到各种目的的技巧和知识。某些技能在所有场合都是好的（适用的），例如读和写；另一些技能只是为了一些目的。培养还包括自然教育的组成部分，自然教育的肯定性部分是培养，涉及与随意运动的使用相关，也与感觉器官的使用相关，"关键在于使学习者总是自助。这就需要强壮、技能、灵巧、安全"❶。体育运动和游戏是发展协调性和随意活动身体的能力的重要工具，也是锻炼并熟练运用感官的重要工具。

培养的目的是给学习者装备各种技能和知识，使他们能够实现一切所能遇到的目的，而文明化的目的是给学习者配备评判目的的价值的能力。在文明化的进程中，我们不仅要学会判断去追求哪些目的，而且要明智（聪明）地判断需要获得哪些文化。这导致康德将文明与明智（聪明）紧密联系在一起。当学习者能够成功地达到他们所选择的所有目的时，也就是当学习者是优秀的工具理性者时，他们就是有技巧的、聪明的或者明智的。换言之，当学习者能够合理地利用其技巧达到他所选

---

❶ 康德. 教育学［M］// 李秋零. 康德著作全集：第9卷. 北京：中国人民大学出版社，2010：466–467.

择的所有目的时，他就是聪明的，而聪明是实用性的。技巧就是拥有一种满足各种任意目的的能力，因此它不规定任何目的，而把后者留给具体环境来决定。❶为了获得技能或技巧，文化在学习者内部培养了本性（自然性），塑造了心灵，使它们不再是生蛮的，而未受培养的人是生蛮的，未受训诫的人是野性的。

康德经常进一步区分一般文化和一种特殊的文化，即所谓的文明化，这属于一种特定类型的教化（培养），人们称为文明化。后一种形式的文化不仅以技巧为目标，而且以明智为目标。klugheit 对应的英文是 prudence。在中译文本中，赵鹏译为明智和谨慎，李秋零译为聪明的，李其龙译为聪明机智的人或机敏的人。因此，明智代表了一个更高的发展阶段。所有的谨慎都以技巧为先决条件。谨慎是以一种对社会有效的方式运用自己的技能的能力，以便能够适应人类社会，在社会上受欢迎、有影响力。文明化还包括需要学习者根据自己时代的品味或鉴赏所定义的礼貌规范克制自己，以及获得掩饰或隐瞒自己，也就是说，克制自己的缺点的外在表现的艺术，以保持礼仪、得体和良好的外在表现。聪明的学习者当然也能有效地实现他的目标，但是缺乏这种人类交往的特殊技能的学习者就不太可能实现他的目标，而这种技能是明智的人的强项。正如康德在与宫廷牧师克里希通的较量中所表现出的那种明智的举措。在后面的讲座内容中，康德以几乎相同的措辞对人际关系技巧给予相应的强调，"关于世俗谨慎，它包含了以社会有效

---

❶ 康德.论教育学［M］.赵鹏，何兆武，译.上海：上海人民出版社，2005：10.

的方式运用我们的技巧的艺术，也就是说，学习者如何被用于个人的目的"。❶换言之，这是为了使共同体中的其他学习者服务于学习者本人，而把他本人的技能施于其他人的艺术（用人）。这种强调利用他人来实现自己的目标，反过来又将谨慎与实用主义的定义联系起来。康德告诉我们，实践教育的三项任务之一就是聪明的实用的塑造。❷康德认为，人类区别于地球上其他居民的一个特征就是拥有实用的能力，也就是明智地利用他人来实现自己的目的。康德在《实用人类学》中提出，由文化而来的文明化，尤其是交往特性的实用性禀赋，以及人类的自然倾向，即在社会关系中走出单凭个人暴力的粗野状态，并成为一种有教养的存在者，是一个更高的阶段。❸因此，这谨慎的（明智的、聪明的）、文明化的学习者具有仅仅有技能的人所缺乏的某些社会风度（社交礼仪/交际手腕），拥有一种具有操控性能的社会风度或者交际手腕。文明化的学习者的先决条件是"礼貌，良好的行为，以及一定的谨慎，凭借这些谨慎，他能够利用所有的人来实现自己的最终目的"❹。

康德经常使用文明化作为学习者发展所必需的三重奏式教育阶段的一部分。从实用主义的角度看，就人类规定性而言的实用人类学总体以及人类培养的个性，即学习者就其理性而言

❶ 康德. 论教育学 [M]. 赵鹏，何兆武，译. 上海：上海人民出版社，2005：40.
❷ 康德. 教育学 [M]// 李秋零. 康德著作全集：第9卷. 北京：中国人民大学出版社，2010：445.
❸ 康德. 实用人类学 [M]// 李秋零. 康德著作全集：第7卷. 北京：中国人民大学出版社，2008：319.
❹ 康德. 论教育学 [M]. 赵鹏，何兆武，译. 上海：上海人民出版社，2005：10.

自我规定为与共同体成员处在一个社会共同体之中，并在其中凭借艺术和科学而受到教化（cultivate）、文明化（civilized）和道德化（moralized）。❶道德化不能简单地把文化和文明结合在一起，因为它涉及向自由领域的某种质的飞跃，然而，它必须以文化和文明的准备步骤为前提。本性能力是通过培养或教化，文明化和道德化来培养或塑造的。培养或教化，文明化和道德化构成三重奏式的教育阶段。

从康德的这些论述中，能够看到批判哲学本身与教育问题之间的内在关联性，教育问题是康德最初在针对理性培养问题的这些术语上提出来的。值得一提的是，在《纯粹理性批判》的方法论中出现了许多熟悉的词，而从这来看，它们的教育意义更加明显。从批判的整个进程出发，读者们对他的一系列结论已经确信，其中包括以下事实，由于学习者的理性的本质是辩证的，因此，它必然不可以缺少这样一门科学来约束它，同时凭借一种科学性的和完全清晰的自知之明（谦逊）来防止那一般会在道德和宗教中造成破坏的、无法无天的思辨理性。正因如此，需要形而上学（自然或道德形而上学），以预备的方式（预备性教育）率先起到引领作用，通过对轻率地奋起自己双翅的"理性的批判，才构成被世人在真正的意义上称之为哲学的东西。哲学把一切与智慧联系起来"，并进而开辟了一条"永不荒芜且不会迷失的通过科学的道路"，正是在这个意义上，"形而上学也是人类理性的一切教养（cultivation）的完成；

---

❶ 康德. 实用人类学［M］// 李秋零. 康德著作全集：第 7 卷. 北京：中国人民大学出版社，2008：320.

是必不可少的……因为它是依照理性甚至必然作为一些科学的可能性和一切科学的应用的基础的那些要素和最高准则来考察理性的。"❶

在《实践理性批判》的结论中，康德意识到学习者在思考宇宙和道德时都采取了错误的方法，他观察到在一切尚属于粗糙的尝试中，最主要的部分都取决于理性的应用。由于理性的应用并不是凭借经常的练习（训练）就将自行产生的，因此，对于一种尚属于粗糙的、未经练习的评判的失误的补救措施就是批判哲学，因为它是培养理性的科学，是一门要由那些在与他人的关系中承担教育者角色的人需要掌握的科学，而在批判的寻求和方法上的引导之下，当智慧被理解为学习者应当做的事情，同时也被理解为应当被教师当作他们自己的准绳时，科学是导向智慧学的窄门，"以便百分之百地开辟出那条每人都理所应当走的通往智慧的道路，并保护所有人不误入歧途"❷。一言以蔽之，批判哲学家事实上将自己誉为教育者的教师，而这些教师又直接负责培养学习者的心灵或精神，并将他们真正地引向智慧之路。从将理性理念，尤其是将至善的理念作为实践的任务，到自己思考的准则，再到上帝存在的道德证明，这些最终都指向道德判断的所有理念和原则，批判哲学在人类理性的范围内探索它们的合法性的运用。对于康德来说，这是教育所需要的指导方针。康德在课堂上所进行的教导与他向更广

---

❶ 康德. 纯粹理性批判（第2版）[M]// 李秋零. 康德著作全集：第3卷. 北京：中国人民大学出版社，2004：542.

❷ 康德. 实践理性批判 [M]// 李秋零. 康德著作全集：第5卷. 北京：中国人民大学出版社，2005：171.

泛的听众或读者所阐述的观点在内容上没有区别。也就是说，在康德那里培养具有一种塑造人格的价值。

正如康德在《判断力批判》序言中所指出的那样，批判的目的是超验的，而不是品味的形成和培养本身，❶但是它的目的是提出美学的教育作用的问题，即它在心智能力的培养中的作用，康德所认为的这一作用甚至被认为是评估艺术品价值的标准。美的艺术和科学还通过那种可以在共同体之中交流的愉快，凭借对社交的磨砺和文雅化的方式发挥着文明的作用，这使学习者，即使不是在道德上变得更好的学习者文明起来，也就是说，至少能为社会带来更好的礼貌或礼仪，这在很大程度上减少了"感官癖好的专制"，并以此使学习者"对唯有理性掌权力的统治做好了准备"❷。凭借逐渐地趋向文明，学习者学会根据社会交往的礼貌准则来训诫（训练）自己。尽管这并不能使他们变得道德，但确实通过加强学生控制自己的理智倾向的能力，并提升了根据有关学习者应当如何行事的理想来克制自己的能力，这都为道德铺平了道路。但是，在这个阶段，克制理念是传统上成功的、明智（聪明）的、友爱的和高尚的社会成员的理想，而不是学习者自己的理性所设定的道德理念。即便如此，这仍然是从纪律到自治道路上的更高的一步。

在这一阶段，道德性的理念只是属于一种导致在求名欲和

---

❶ 康德. 判断力批判［M］// 李秋零. 康德著作全集：第5卷. 北京：中国人民大学出版社，2005：179.

❷ 康德. 判断力批判［M］// 李秋零. 康德著作全集：第5卷. 北京：中国人民大学出版社，2005：451–452.

外在礼仪中类似道德的东西的应用，仅仅构成了文明化。❶ 这就是为什么康德会说可以通过荣誉来惩戒学习者，而在他们心中只能通过服从来惩戒，以及为什么羞辱只能用于劝告幼年的学生而不能用于更年长的他们，因为羞耻只有在荣誉概念已经根植的时候才能找到位置。在这个阶段，遵守道德规范的主要动机是对荣誉和外在礼仪、明智（聪明）的钟爱、对社会认同的渴望、在社交中的快乐以及与同伴相处的渴望。出于这些动机而行事的学习者通常会表现出与道德保持一致的行为。这样尽管以这种方式行事缺乏道德价值，但从一种荣誉感和外部礼仪行事却类似于道德。这个发展阶段的重点是实践在社交中学到的角色理想，并关注社会认同，并通过遵循体面和恰当礼仪的行为来维持社会秩序。这是康德将教育引向公民社会和共同体的原因，也是人类命运共同体理念的初级基础。

三、培养原理的道德是道德化的核心任务

总而观之，康德对最后的道德化阶段通常不那么乐观。在他看来，学习者距离道德化的最后阶段还有很长一段的路要走。在《论教育学》中，他写道，学习者"生活在一个训诫（discipline）、培养（culture）和文明化（civilization）的时代，但无论如何都不是道德化的时代"❷。学习者在很高程度上

---

❶ 康德. 关于一种世界公民观点的普遍历史的理念［M］// 李秋零. 康德著作全集：第 8 卷. 北京：中国人民大学出版社，2010：33-34.

❷ 康德. 论教育学［M］. 赵鹏，何兆武，译. 上海：上海人民出版社，2005：11.

通过艺术和科学而开化，他们已文明化得对各色社会风度、文明礼仪不堪重负，不过，现在的社会距离道德化还有很远的距离。这是因为，道德性的理念只不过是在求名欲和外在礼仪中类似道德的东西的应用，或者只是对道德的粉饰，这并非真正的道德化，而仅构成了文明化。人类是在第二阶段的进程中达到尽善尽美的，即开化和文明化，但并不是道德化的。也就是说，学习者可以在不拥有道德的情况下，就能够拥有最高等级的文化，文明化也达到了它的最高水平。两者的需要最终将迫使道德化，即通过教育、宗教等达到道德化，目前，宗教只不过是通过纪律达到了文明，但教育究竟是如何最终强化了道德呢？人类最艰难的境遇就是从文明到道德的跨越，教育者必须努力去启蒙人类，并更好地确立国际法，持续不断地促进社会从文明向道德化过渡。

那么，什么是道德化最高目的？它由什么构成？我们应该如何去实现它？为什么人类尚未道德化？在总结人类发展的最后的一个阶段时，康德认为，我们必须关注道德化，对于学习者来说，不仅应该拥有实现各种目的的技巧和能力，而且还应获得只会选择真正好的目的或者善的目的的信念。而好的目的是每个人都必然认同的、同时又能成为每个人目的的那些目的。

这个简短的描述包含三个关键的理念。第一，学习者需要获得一种特定的意向（gesinnung）才能被道德化。这种意向在康德的术语中并不是习惯，因为习惯是感官方式的一种机械作用，而不是思维方式的一个原则。正是由于缺乏正确的思维方式，才阻止了文明化向道德化的发展。也就是说，就道德化而言，当然，我们拥有优雅的举止，但没有正义的、诚实的思维方式的原则，才阻碍了最终的道德化。至于习惯，康德则说："一个人的嗜好越多，他就越不自由和独立。"❶"作为一项规则，所有的习惯都是应该受到谴责"，甚至"应予抛弃的"。❷因为习以为常通常会导致忘恩负义，这是一种真正的无德性，使良好行为丧失道德价值。然而，康德的道德意向是学习者的道德人格的深层结构的一部分，因此必须包含他们对生活的基本取向。意向和习惯的根本区别在于它包含有意识的行为，蕴含着学习者对自己的准则进行理性思考后才会去采取某种行动，而不仅仅是无意识的、反射行为。亚里士多德主张在学习者的道德人格中发挥习惯的积极作用，捍卫这种内化的思维习惯，康德批评这些主张是错误的，但他主张培养一种进行道德判断的习惯。

第二，这种意向关注的就是学习者只能选择好的目的或者善的目的。这要求学习者不仅要做好事，而且是因为好才去那样做。这里对目的的强调，更多的是意味着绝对命令的后一种形式而非前一种形式，即目的王国和目的自身。这表明道德化必然不只是学习者的准则的形式结构，也是他们意志的内容。

第三，好的目的或善的目的被康德解释为，被所有人认同，而又能成为他们所能实现的结果。这也是康德式的普遍性

---

❶ 康德.论教育学［M］.赵鹏，何兆武，译.上海：上海人民出版社，2005：21.
❷ 康德.实用人类学［M］//李秋零.康德著作全集：第7卷.北京：中国人民大学出版社，2008：142.

原则，即就好像你的行为的准则应当通过你的意志成为普遍的自然法则那样行动。❶不过，必须指出，在道德化阶段，绝对命令的各种形式本身就是真正达到道德化的学习者的内在意向的一部分。道德化的学习者获得了一种根深蒂固的意向和思维方式，即只选择好的或者善的目的，至少在某种程度上，这种目的能够得到每个人的认同。他们被教育只选择那些可以同时作为每位学习者目的的目的。它必须是一种根深蒂固的思维方式，而不是一个在怀疑时被拉出来的复杂的决策过程。道德教化并不是以规训为基础，而必须以准则为基础。前者是为了防止越轨行为，后者则是塑造思维方式，所以教育者需要让学习者习惯于依据准则来行动，而不是被某种欲望所驱动。假如教育者要把道德教育建立在警示、威胁、惩罚等外在强制的基础上，就会完全败坏它，这样一来，它完全就仅仅是规训或纪律而已。换言之，教育者需要让学习者从他的准则而并非习惯出发来做好事，也就是说，他只是因为这样做是好的，他才去做，而并非仅是为了做好事而去做好事❷。

这个道德的塑造就其基于学习者应当自我认识的原理之上而言，是最迟的塑造。它不仅需要具有根据实践理性的要求，正确判断道德细节并正确理解此类判断的基础标准或规范的能力，而且还需要获得一种始终根据此类判断行事的意向、思维方式与人格。因此，原则性地培养和塑造人格是道德化的两个

---

❶ 康德. 道德形而上学奠基［M］// 李秋零. 康德著作全集：第 4 卷. 北京：中国人民大学出版社，2005：429.

❷ 康德. 论教育学［M］. 赵鹏，何兆武，译. 上海：上海人民出版社，2005：31.

核心组成部分。在这个阶段，惩罚没有任何作用。康德概述了三种塑造人格的方法。由于人格（品质）是按照准则行事的能力，因此塑造人格（品质）的第一种方法是习惯于根据准则行事。为了发展这种才能，学习者必须学会严格地遵循自己的某个准则、某种计划。这是因为品质的确立，就在于要做某事的坚定决心，然后在于这决心的付诸实施，而且对于一个决心做某事但并不去实践的学习者，可能对自己再也不信任。比如学习者决定要去早起晨读或者晨练，但是，学习者决不能因为外在的环境影响而总是有所推迟，这样的结果就是使自己丧失对自己的信任，从而缺乏一种对自己的信赖或信心，这也是服从的基础。如果学习者不能相信自己可以做自己想做的事情，那么他就无法保持自主或自治。这是因为学习者无法自信地为自己的生活设定计划，因为他不相信自己能将这些计划付诸实践。这不仅意味着别人不能依靠你，甚至你自己也不能指望自己。确立学习者品质的第二个主要方面就是诚实，这是一种人格必不可少的基本特征和本质，因为撒谎的人根本没有任何品质。习惯性撒谎的人是一个无法遵循自己准则的人，而不给自己设定某些规则的学习者则是不可靠的，人们通常不清楚如何适应他们，而且也不可能明白如何正确地与他们相处。诚实的品质应通过撤销对撒谎行为的尊重来发展，轻蔑的一瞥是对撒谎行为唯一合目的的惩罚。学习者品质的第三个特征必须是合群（社会性）。这是学习者通过同伴互动与其他学习者之间建构起友谊关系而发展起来的。康德还辩称，为了在学习者心中确立道德品格，教育者必须尽可能多地通过榜样和规定教给他们应当履行的对自己和对他人的义务。教育者应通过三步过程向学习者传授这些义务：首先通过道德教义问答手册来学习基本原则，然后通过决疑论来发展判断力，最后通过知性来理解道德原则和道德判断的基本规范与标准。

如前所述，当康德用道德化时，指的不是个人的发展，而是整个类的发展。他清楚地指出，我们远远不是在道德化的时代，在人类准备步入这一关键阶段之前，还需要在不同的文化领域做更多的工作。也就是说，无论是在康德时期，还是在当代，一些国家把力量都用在其虚荣的和残暴的扩张意图上，并以此"来不断地阻碍内在地塑造其公民的思维方式的缓慢努力，甚至撤销在这个意图上对他们的一切支持"❶。此外，由于教育系统长期资金不足，无法想象通过教育来实现自然禀赋的最终目的。

与此同时，学习者希望能够从文明化过渡到道德化，而不是简单地投入大量资金的问题，而必须在思维方式或目光层面有质的转变，也就是培养思维方式或重生的过程。仅仅凭借物质文化条件的变化决不能保证向道德化阶段的过渡。正如康德所强调的那样，"对精神的这种自然性塑造不同于对精神的道德塑造，即后者仅以自由为目的，而前者的目的仅在于自然"，学习者"有可能在自然性和精神上都得到了良好的培养和教化，但在道德上却仍然是粗劣的，如此一来，他仍然是粗劣的被造物"。❷广义上来说，正如康德所设想的那样，实践教育包

---

❶ 康德. 关于一种世界公民观点的普遍历史的理念［M］// 李秋零. 康德著作全集：第 8 卷. 北京：中国人民大学出版社，2010：34.

❷ 康德. 论教育学［M］. 赵鹏，何兆武，译. 上海：上海人民出版社，2005：27.

含三个部分：在技巧（技能）方面的学术（校园的）—机械的塑造；在聪明方面的实用的塑造；在德性方面的道德的塑造。实践教育的三个部分依次映射到人类历史的三个阶段，即培养（文化）、文明化和道德化三个阶段，同样对应了康德在《道德形而上学奠基》中以及第三批判中所分析的三种类型的命令或规则，即技术性的、实用性的和道德性的规则。但是，这三个相互联系的部分的内在的合目的性为每个部分注入了一个强大的规范性维度。因此，对康德来说，拥有世界，了解世界，就是站在让世界变得更美好的目标之下。尽管在文化（培养）和文明化的前道德水平上行动的个体学习者往往不知道这一更大的目的，但是，所有教育阶段的最终目的就是实现道德化。自然的目的或计划是通过文化的进步来完善人类，而且很多时候，共同体中任何一位学习者都在不知情下参与了这个计划。

通过对培养概念的追溯，可以发现，康德在《论教育学》中使用了宽泛的培养概念，又在第一批判中强调了培养与规训的根本区别。必须消除野蛮的状态也就是无法则的生活状态，从而需要规训的消极任务，而未被塑造或未被培养的禀赋必须接受被称为培养的教导。在《论教育学》中，康德明确地提到道德培养，并且有时不仅在教育上而且在培养上同义地使用了教化或塑造（bildung）的概念。尽管如此，严格来说人格的塑造不仅仅是对包括理性在内的人类禀赋的培养，也就是说，需要进一步论述康德对塑造概念的使用，借此理解其所暗含的其他的教育维度。

首先，即使在一般意义上，基于动词形式的教育也拒绝了塑造的功能，即产生、生产、实现、发现、建立等概念，而当康德在绝对意义上讲到道德人格时，便使用了上述所有概念。塑造涉及发展以新生的形式存在的东西。正如康德所说，学习者是生蛮地来到这个世界上的，而塑造引入了一些新东西。教化最持久、最普遍的含义是形式、类或形态，不仅涉及人类，而且涉及动物和所有自然物体。确实，这是康德在其早期著作及后期著作尤其是在第三批判中采用该概念的最初意义，即关于自然物体和有机体的形成、创造和发展。在《纯粹理性批判》中，我们看到康德进一步区分了规训（纪律）和培养两个术语，这也是他在第一批判中唯一使用的术语。康德首先在《关于一种世界公民观点的普遍历史的理念》中明确指出教化或塑造与思维方式有关。国家在其公民的形成中应发挥恰当作用的背景下，现存的民族国家被控其不断地阻碍内在地塑造其公民的思维方式的缓慢努力。道德形态第一次出现在《实践理性批判》中，并将培养出于对道德法则的敬重而做出的行为确定为"所有道德教育的真正目的" ❶。

然而，正是康德在《判断力批判》中对自然中的自由形态的讨论，明确指出了这一概念与培养之间的关键性区别。问题中的形态是通过结晶，亦即通过一种突然的固化形成的，不是通过一种从液态到固态的逐渐过渡，而是仿佛通过一种飞跃，这种过渡被称为晶化。❷ 康德认为，人格作为思维方式是可以

---

❶ 康德. 实践理性批判［M］// 李秋零. 康德著作全集：第5卷. 北京：中国人民大学出版社，2005：125.

❷ 康德. 判断力批判［M］// 李秋零. 康德著作全集：第5卷. 北京：中国人民大学出版社，2005：363.

定义、设定或固定自由的。这种"思维方式"是一个突然的变化，一场革命。从这个意义上来说，在《纯然理性界限内的宗教》中，康德才在塑造与道德之间建立起联系。由此可见，人的道德塑造必须从思维方式的转变和从一种人格（品质）的确立开始，而不是从习俗的改善开始。在设定或定义永久形态方面，渐进式的变化与结晶行为之间的区别，也对应于预备性教育的功能（纪律和培养、文化）与道德人格的恰当形态之间的区别。学习者禀赋和能力的逐渐发展，是为了能够胜任执行理性的最终道德目的，但是，从道德上来讲，没有人类的本性所具有的不固定的、可改变的基础，思维方式的革命性行为是不会发生的，而这种革命一方面结束了道德命令和自身利益之间以及和不可知论的怀疑主义之间的振荡，另一方面也能确保作为学习者的人类在未来的生活中对抗这种动摇性的因素。

在教育的每个阶段，教师都必须考虑学习者最终的道德形态。因为，若不然，错误就会容易扎下根来，此后一切教育艺术都对这些错误无可奈何。理解这一普遍的基本教育原则在教育实践中的意义的一种方式可能是康德在《道德形而上学》中关于学习者对他人的德性义务的讨论，特别是人类之爱的义务，即道德的命令运用"一种实际的、实践的善意，亦即使他人的福乐和得救成为自己的目的（行善）"❶。康德在此的反思始于他对爱与敬重义务的考察，如果依据法则来说，它们在任

---

❶ 康德. 道德形而上学 [M]// 李秋零. 康德著作全集：第 6 卷. 北京：中国人民大学出版社，2007：462–463.

何时候都是彼此结合在一个义务之中的。❶ 因此，只有在敬重他人的前提下才能践行敬爱的义务，事实上，这种方式可以促进他人对自己的敬重，并为那些最终必须成为自己义务的行为铺平道路。作为对学习者天赋的培养，教育最直接地促进了学习者的发展和幸福。在最终道德形态的召唤下，清晰而有能力地为每个学习者都应该遵循的智慧铺平道路意味着什么呢？可以用康德在讨论他人义务时的言论来说明，这些言论与这位最关心道德问题、逻辑学、形而上学的教授的自传事件产生了共鸣，在理性的实践应用对学习者自身的敬重的义务是建立在：预设在道德判断中必定有某种真实的东西，即存在作为判断规定的主观因素，进而需要我们解释这种假象及其出错的可能性，从而保持对学习者理性的敬重，而不是假借荒谬、无聊的评判之名对理性进行指斥。这是因为，假如我们在世俗的某一判断中凭借学习者的表述来否定他们的理性，我们就不可能使这些学习者明白是他们自己犯错误了。同样，我们在对恶习进行指控时，也永远不能以完全蔑视和否定有恶习者的一切道德价值为结果，如此一来，这些恶习者就永远不能被教化好了。而这恰恰违背了学习者本身作为道德性的存在永远不会失去一切向善禀赋的人的理念。就像康德所指出的那样，按照古代的定义，明智的学习者会通过教导、学说、榜样的智慧教师和以他本人为模范实例，来促进改变，使一种状态转向更好的状态。总的来说，这个榜样在道德培养中起着重要的作用。

---

❶ 康德. 道德形而上学 [M]// 李秋零. 康德著作全集：第 6 卷. 北京：中国人民大学出版社，2007：459.

第二章　第一批判"方法论"的
教育学阐述

　　康德认为，在世俗世界或共同体中的学习者始终生活在关系状态中。这些关系主要包括理论的、实践的、审美的、目的论的和伦理（德性）的关系。为了教化学习者能够在这些关系中幸福地生活，需要分别关注不同的主题。而《纯粹理性批判》的"方法论"探讨了人与真理之间的关系，这是一种理论性的关系。通过消极性、积极性和建构性的方法论，完成了对理性的教化，实现了理论理性向实践理性的过渡，并最终走向了批判的道路。

第一节　纯粹理性的训练：消极性的"方法论"

　　《纯粹理性批判》的方法论主要包括四个部分，即训练、法规、建筑术和历史。其中训练被康德描述为消极性环节，法规是一个积极性环节，而建筑术则是建构性环节，历史展示了一个开放的批判之路。在康德看来，只有经受了相应的训练，理性才有所成就，而训练一定是在学习者自我认识的基础上的自我训练，这也是学习者完成自我认识任务的必经之路。

一、贯穿理论与实践是理性目的的批判性认知目的

对于康德哲学来说，方法论也属于《纯粹理性批判》的宏伟乐章的一部分，"因为这一部分才澄清了第一版序言中诸如'战场'、'批判的时代'和'公开的检验'这些概念"，也只有方法论"才首先阐明了加于第二版之前的题辞所要求的服务于普遍福祉的意图"。❶ 这个方法论就是建立未来科学的形而上学必须经受的"训练"和必须遵守的"法规"。❷ 方法论有效地构建了一个理性原则，抑或是建构了一个理性的教育计划，批判了哲学传统中的错误努力。正如康德所解释的那样，一般来说，方法论是"对纯粹理性的一个完备系统的诸形式条件的规定"，还有一个"实践逻辑"的目标，这个目标旨在使用认知的理论力量。❸ 一个明确的意图是改进经院派学者们的逻辑表达，这样学习者会面对蕴含在科学中，并在未来可能遇到的和理解的关系到系统方面所使用的方法的名目和各种术语。康德所坚持的目标是阐明一个计划，该计划必须依据与提供给学习

---

❶ 奥特弗里德·赫费. 康德的《纯粹理性批判》：现代哲学的基石［M］. 郭大为，译. 北京：人民出版社，2008：13.

❷ 邓晓芒. 康德《判断力批判》释义［M］. 北京：生活·读书·新知三联书店，2018：340.

❸ 康德. 纯粹理性批判［M］. 邓晓芒，译. 北京：人民出版社，2004：549-550.

者，且又与他们的需要相符合。正如随后的讨论所表明的，该计划既要坚持人类认知能力的界限，又要满足理性的利益和目的。没有这种批判，理性就仿佛是处于自然状态，使形而上学的争论陷入理性的战争状态，这必须被法治状态的和平所取代，不是一些权威所维持的临时性的胜利所带来的不稳定的和平，而是由批判的判决所引导的，为学习者心灵生活带来的永久的和平。先验哲学是纯粹理性的本体论。作为将所有知识与人类理性的根本目的联系起来的科学，它是世界性的，是一个世界概念（宇宙论）。极其重要的任务是要进一步区分出在种类和起源上各不相同的知识。因此康德将政治的世界主义划分为认识的世界主义和道德的世界主义，第一批判旨在证明"从理论上来说所有文化都是共同的一个世界和同样共同的人类理性"❶。迄今为止，将形而上学称为人类知识的第一原则的科学的错误一直是未能认识它的特殊性，而且仅仅从知识的普遍性等级来看待它，也正因为如此，至今仍没有将它与经验性的知识明确区分开来。也就是说，康德只是在批判的认识论框架内提出本体论，而坚决拒绝一种脱离认识批判的关于一般对象的理论。❷如何理解和传达这种形而上学的知识是一个问题，因为传统的数学模型和怀疑论的判断都不适合，也不允许。形而上学依据理性自身的各种要素和准则进一步考察、审视理性，完成对学习者理性的一切教养，这对他们来说是无可替代的，

❶ 奥特弗里德·赫费. 康德的《纯粹理性批判》：现代哲学的基石［M］. 郭大为，译. 北京：人民出版社，2008：7.
❷ 奥特弗里德·赫费. 康德的《纯粹理性批判》：现代哲学的基石［M］. 郭大为，译. 北京：人民出版社，2008：5.

而其清晰度和教育是首要任务。这种争执凭借对理性所进行的消极性和积极性的批判而完成对理性的教化，并借助对理性的判断加以限制，从而对理性自身的评判加以矫正。

康德从一个非常传统的出发点开始，即人类渴望求知，并以此结束，但实际上是为否定性判断做了公开辩护。否定性判断具有一项特别的工作就是防止错误，随后康德便立即着手这个批判的任务，这也是苏格拉底式的任务。康德反思了才能的教化，这种才能"已经具有某种自我表现的冲动"；因此，训诫（纪律），"从某些规则偏离开来的倾向受到限制并最终得到清楚的那种强制"，"做出了一个消极的贡献"；而培养，仅仅是"要获得某种技能，而不是相反地取消某种别的、已经存在着的技能"，由此它"做出了一种积极的贡献"。❶康德进一步梳理了对理性运用的积极性教导和消极性教导。而且在讨论中，他邀请"带有好意和耐心的读者"和他"结伴漫游这条道路"，并愿意为了使这条"批判的小路"能够演化为"一条阳关大道而做出自己的贡献"，以便能够使这件在过往几个世纪都没能办成的事情，有望在不久的将来功成愿遂，从而使得学习者的理性能够在他们的"求知欲任何时候都在从事着（但至今都是白费力气）的事情中达到完全的满足"。❷

让学习者的理性完全满足意味着什么呢？康德设计了一个形式计划。这个"计划"包括两个方面：首先，凭借学习者的美德、理性、道德和有限的本性，符合自然提供给他们的禀

---

❶ 康德. 纯粹理性批判［M］. 邓晓芒，译. 北京：人民出版社，2004：551.
❷ 康德. 纯粹理性批判［M］. 邓晓芒，译. 北京：人民出版社，2004：644–645.

赋、原则和概念；其次，凭借学习者的全部使命和规定，满足理性的形而上学的利益以及由此产生的人类至善的目的。也就是考察在与理性利益的关系中正确使用理性的可能性的条件，这是追寻终极问题的意义。按照基本的理论解释，康德首先寻求的是认识的繁荣，不过在他看来，令人满意的繁荣是对实践的福祉产生效果，进而就引出了第二个即基本的实践的解释。换言之，认识的意义仅仅是实践的首要目的的手段，而且是不可或缺的手段，这一目的本身在我们的理性的构成中本来就是道德的东西。因此，康德是让教育者和学习者能够继续从事康德所倡导的人类最大的任务，即自我教育的责任。这项任务由两个方面构成，首先阐明自由教育的可能性根据的形式原则，也就是阐明心灵的自由生活是身体自由生活的形式原则；其次是研究这些原则如何在特定的时间和地点进入并指导学习者努力的。这包含着两个方面的问题，即所有学习者，包括教育者的教育以及心灵生活与人类共同体生活的关系。在康德看来，解决教育和共同体任务之间的紧张关系，需要"确保自由"的正义性，培养自由的思维方式。确切地说，就是培养永久和平的心灵生活，以此作为共同体生活中实现真正自由的先验条件。学习者的思想、判断、选择和意志等方面的内在自律决定了外在人际关系的状态。在世俗世界的人际关系中，作为世俗世界的存在者，学习者具有不愿意与人类来往的恶，这种非社会的社会性把交往双方都扣为人质。因此，在这个方面，学习者的自我认识是确定适合于心灵生活的客观原则及其有效实现的条件，以确保学习者内在的、诚实的、自由的内在和平。这种内在自律反过来又通过由此产生的判断和行动来表达外部的人际关系。通俗来说，就是探讨受过启蒙的群体与未经启蒙的群体之间如何交流的条件，这是康德在审美和目的论反思判断的方法论中探讨的问题。正如康德所说，学习者对于特殊道德状况的判断可以被反思性判断所规范，通过反思性判断，学习者指导他们对实际道德状况的解释或评价，即确保他们的判断与其他人的那些判断之间的同一性和一致性。

二、运用理性的批判破除理性独断运用和怀疑运用的缺陷

在"纯粹理性批判的训练"中，康德非常关注理性认知的两个现有模型，即数学和经验科学的认知方式，由于它内在的怀疑态度而怀疑一切先验的存在，在这方面，对知识的欲求一直是学习者永恒的追求。当这些理性的利益受到影响时，就会导致错误、混乱，甚至是完全阻碍问题本身的提出。不过，由此产生的不安状态是有用的，因为，它促进理性的自我审察，从而促使学习者追求批判性的认知模式，批判性的认知模式可以使理性利益的价值得到充分发挥。正如康德所表述的，学习者为了能够在毫无阻碍的情况下审视自己理性的利益，需要将无论是探究的还是审察的理性都放置在完全的自由的状态之下，这对于学习者自身来说无疑是很有价值的；理性之所以能够促进它自身的利益，正是由于它一方面为自己的见解设定了限制，另一方面又扩展了这些见解，但是当外在力量开始干涉

理性，并使它违背自身的自然进程而转向强迫的意图时，理性的这些利益便总是会受到损害。那些受到数学自明演证启发的模型，努力寻求证明纯粹理性的两个基本命题，即"有上帝和有来世"，这场争论似乎威胁到了"共同利益，这从而诱使它们用激烈的言词和武器进行继续争论"。❶这样做将使不公正和暴力状态永久化，而只有在法治状态下的自由才能真正服务于共同利益。康德所提倡的自由也是通过批判来实现的，这由于随着争执指向客体时，理性的批判最初并没有"被卷入到争执之中，而是被确立了起来"，并且能够依据理性在开始阶段"所提示的那些原理来"规训和"评判理性的一般权限"。❷批判保证了相反立场的证明同样是不可能的。不清楚是对善的事业的反对者，也是对理性的实践利益的反对者的恰当回应，并且更加适用于对学习者内心的反对意见的反对者。不清楚是成熟的判断力的标志。因此，康德借用《纯粹理性批判》将自我批判凸显出来，从而带来了一种谦逊的气质，并借用一种方法论的反思抵制哲学的超越性的知识要求，当然也抵制科学的超越性的知识要求，从而是对意识形态的一种彻底批判，并揭穿了科学的假象与知识的幻觉。

仍然存在争议的是基调或语气，即对理性利益的态度，并不能诉诸情感或天才的诗意。在这方面，善的事业拥有的诚实正直的反对者比辩护者更多，因为他们有更多的诚心。善的具体表现，即理性理念在人类事务中的作用是通过主体选择和思

---

❶ 康德. 纯粹理性批判 [M]. 邓晓芒，译. 北京：人民出版社，2004：572.
❷ 康德. 纯粹理性批判 [M]. 邓晓芒，译. 北京：人民出版社，2004：578.

维方式来实现的。如果这种作用是真实的，它就证明了理性理念的现实性。虽然康德愿意承认预备性教育的价值，即采用一种趋向于善的目的的素质，一种诚实、正直和端庄的装扮，作为一种使学习者走出粗野状态的初始步骤，但是，为了防止虚伪腐蚀人心，从而阻碍善的意向的自由生长，必须强有力地克服由此野蛮或粗野状态产生的虚伪和虚假。同样不纯正性、不伪装和不虚伪进入思辨的思维方式，也就是说，那些只是虚伪地相互传达思想、有意地隐瞒学习者对自己见解的怀疑、面对自己不满意的证明而又装作一副自明的样子，都会对学习者理性的见解造成损害。或者正如康德再次重申的，在学习者所在的世俗世界中，"让诡计、伪装和欺骗与秉承善的事业的意愿"交织在一起是最糟糕的事情，而对于学习者来说，在审视他们自己的"思辨的理性根据时一切都必须出以诚心"，这是他们自己所能祈求的底线。❶

虽然对理性理念的怀疑态度有助于唤起对教条主义者自负的怀疑，从而起到对独断论的自负的一种疗救，并对批判加以倾听，但是康德完全反对只须这样怀疑从而否定了怀疑的积极意义，也就是说，学习者虽然拒绝了对纯粹理性进行的怀疑论的运用，但还是可以在理性的争执中，将怀疑作为中立性原则来加以利用。不过对这种怀疑的无知状态所抱的确信和承认的推崇只是终止理性与自身的争执的徒劳的做法，这种做法绝对不能适用于为理性带来一种安宁。正如康德在《纯粹理性批判》A 版的序言中所说，形而上学的问题已经陷入了一种厌

---

❶　康德. 纯粹理性批判 [M]. 邓晓芒，译. 北京：人民出版社，2004：577.

倦，但是如果对形而上学的问题达到一种彻底的冷淡（漠不关心）的态度就要引起人们对混沌和黑暗之母的反思，因为混沌和黑暗之中包含着临近改造和澄清的苗头，而且故意对研究形而上学的问题"装出一副无所谓的态度是徒劳的，因为这种研究的对象对于人类的本性来说是非常重要和有益的"❶。在对人类理性的自然辩证论的终极意图的讨论中，康德描述了两种错误，即颠倒的理性和懒惰的理性，前者是把一条合目的性的统一性原则的现实性当作实体化的东西引为根据，并把一个这样的最高理智的概念（理念）从拟人论上来加以规定，后者则是直接诉之于最高智慧的不可捉摸的意旨，从而免除了对整个自然的考察，而不是通过遵循目的论联结的系统统一性的调节性原则寻找原因。从这种"令人烦恼的理性争执中摆脱出来的怀疑论方式"的努力是自欺欺人的，这只是"通达某种持久的哲学平静的捷径，至少是那些想要在对这一类的所有研究的嘲弄和轻蔑中装出一副哲学面孔的人所愿意采取的一条大道"❷。这种方法似乎可以从几何或实证调查中得出，并被视为超自然的假设。这种呼吁也将是懒惰理性的原则，因为它一举绕过了所有可以继续探究的原因。这种超验的解释根据，进一步免除了学习者的那种研究并终止了他们的探索。然而，无论是思辨思想家（独断论者）独断地主张理性理念对象存在的可能性的证明，还是怀疑论者同样独断地否认它们的存在，假设都可以作为作战武器，只是为了捍卫这种理性的权利；也就是说，确保

---

❶ 康德. 纯粹理性批判［M］. 邓晓芒，译. 北京：人民出版社，2004：2-3.
❷ 康德. 纯粹理性批判［M］. 邓晓芒，译. 北京：人民出版社，2004：582.

理性理念得到公正对待。当然，这种假设的使用与苏格拉底式的反驳方法有相似的一面，确切地说是与《美诺篇》中的方法相似，即通过论争的方式，在对手展开他们的观点时，从中嗅到新的怀疑，以此说明对方观点是不能成立的，也就是说，主要关注的对手是永远必须在学习者自身中寻找到的。在学习者自己的心中自然就存在着可能令人恐惧的反驳意见，因此，学习者必须把它们找出来，这样一来才能"消灭它们"，并在此"基础上建立永久和平。外围的平静只是虚幻的（平静）。❶总而言之，怀疑论只是学习者理性的休憩之处，借助于它，学习者的"理性能够对它自己的独断论进行思索"，并进一步确认理性自身的领域，从而有利于理性在未来的时间可以有"更多的把握走自己的道路"，毕竟怀疑论本身并不是可以"长期逗留的住地"。❷怀疑论可以看作从经验的视角对某种确定性的寻求，追求有关对象本身知识的确定性，而且要把关于对象的知识限制在确定性的范围内。这也就是为什么康德会用地理学家来隐喻怀疑论。

为了理性利益的哲学认识，如果永久地采用怀疑论立场，就等同于行驶的航船撞到了暗礁上发生了沉船事故，而如果采用独断论认知方式（数学的认知方式）就是直接驶向了大漩涡。虽然在《纯粹理性批判》B版序言中，康德赞同从数学和自然科学中汲取教训，即所有研究自然的人都清楚，理性仅仅能观察出它自己依据自己的设计所产生的东西，也就是说，理

---

❶ 康德. 纯粹理性批判 [M]. 邓晓芒，译. 北京：人民出版社，2004：594–595.
❷ 康德. 纯粹理性批判 [M]. 邓晓芒，译. 北京：人民出版社，2004：584.

性需要手握它自己根据不变的法则进行判断的原理走在自然的前面，强迫自然回答理性向它提出的问题，而不是被自然的蛛丝马迹牵引而行。理性要像一位法官一样，遵从自己放进自然中的东西，到自然中去探索仅仅凭借理性自身并不能获得，而是必须从自然中学到的东西。但是，如果继续执迷于数学的认知模式，就会混淆在理性按照概念作推论性运用以及通过概念的构造作直觉性运用。它们尽管在知识及其先天的产生上共同拥有普遍性，而这种理性的双重运用需要两个不同的程序和概念："一切都属于由概念而来的理性知识"，就"被称为哲学性的"，而"通过对概念的构造而做的理性工作"，则"叫作数学性的"。❶ 比如，即使数学和哲学一样讨论量这样的相同对象，但是在这两者的考察中按照理性来处置对象的方式则彻底不同，对于哲学来说，仅仅凭借普遍概念来考察对象，而对于数学来说，如果仅仅通过概念只能一事无成，它必须借助直观，并在直观中具体地、在构造出的一种直观中考察概念，且不是经验性地考察对象。因此，概念与其定义之间的关系在数学和哲学中也是相反的。严格来说，哲学定义只是作为对给予的概念的阐明，是通过分解而分析地完成的，因此哲学的定义只是解释概念。在数学中，定义是综合性的，因而造成概念本身，所以数学在任何时候都必须而且能够从定义开始。哲学程序从概念到不完善的阐明，其目的是以定义结束。正如康德在脚注中所阐述的那样，虽然定义在较充分的本质上属于哲学，而且达到这一步是很美好的，不过这很难，比如法学家们都还

---

❶ 康德. 纯粹理性批判 [M]. 邓晓芒，译. 北京：人民出版社，2004：559–560.

在寻找一个权利（或者正义）概念的定义。基本性的质疑揭示了寻求精确的定义，这虽然很重要，但不是根本性的，而提问是否能够教导、学习和成为一个有道德的人才是最根本的。同样，哲学中的原理也不能称为公理；它的推论的证明也不具有无可置疑的演证。因此，用数学的头衔和绶带来装饰自己只能让哲学徘徊在永远不能兑现的虚荣中，这实际上阻碍了对自我认识的追求，即这些教条主义要求必然会打消哲学想要揭穿一种看错了自己界限的理性的种种假象的念头，以及借助于对学习者的概念的充分的澄清而把思辨的自负引回到谦虚的但却是彻底的自我认识的意向。❶ 无论是"理解空间时间概念"，还是探究纯粹知性概念的起源连同其有效性的范围，数学家只是简单地使用概念，因而"他们几乎每一次都没有对自己的数学进行过哲学思考（这是一件困难的工作！），所以他们就意识不到也想不到在理性的一种运用和另一种运用有种类上的区别"。❷ 数学问题不会研究在哪些条件之下一般物的知觉才能属于可能经验；它们也不会问一般物的存在，而只讨论对象本身的那些仅就与这些对象的概念相联结而言的属性。❸ 相比之下，先验哲学的问题就是一般公理，也是数学本身的可能性的原则。哲学永远不允许如此绝对地要求它的先天原理，而是不能不勉强（必须）通过彻底的演绎来为自己由这些原理而来的权限作辩护。康德的努力正是教导学习者的理性认识和他们运用理性的

---

❶　康德. 纯粹理性批判［M］. 邓晓芒，译. 北京：人民出版社，2004：567.
❷　康德. 纯粹理性批判［M］. 邓晓芒，译. 北京：人民出版社，2004：561.
❸　康德. 纯粹理性批判［M］. 邓晓芒，译. 北京：人民出版社，2004：557.

原则。

最终争论的并不是分析命题，而是综合命题，即那些被先天认识的综合命题，对康德来说，综合命题不在普通逻辑的范围之内，而是先验逻辑的一切任务中最重要的任务。这些综合的先天命题是区分所有三类理性科学的标志，即纯粹数学、纯粹自然科学或物理学、纯粹形而上学，但是当数学和物理学处理的对象属于空间和时间概念领域时，形而上学探究的对象需要另外一种与至今采取的完全相反的处理方式，于是形而上学的成败就在于对先天综合判断何以可能的解决。如此理解，整个批判的工作确实是一个艰难的过程，这种方法不是也不能是教条性的，而无论是从数学家那里借来的，还是理应成为一种固有风格的教条性的方法，都是不合适的。康德在这里仍然保留了先验哲学的具体方法，并指出这些讨论只是对学习者的能力状况的一种批判，借此来审视学习者能否在任何地方都可以盖起新房，并进一步审视在已有原料的基础上，也就是在先天的纯粹概念基础上学习者可以建造起一栋多高的新房。批判的判决将带来真正和持久的和平，其中包括公开使用理性的自由，这也是一种学习者把自己的"思想和依靠自己不能解决的怀疑"拿出来进行"开放性的评判的自由，而并不因此就被贬低为不守本分"的调皮捣蛋的共同体成员。❶

这个问题不仅仅是制度性或者共同体领域的问题，也不仅仅是教育中批判哲学家的学术自由问题，抑或是国家领域的一种外在自由的问题，也是心灵或精神生活中的深层次的问

---

❶ 康德. 纯粹理性批判［M］. 邓晓芒，译. 北京：人民出版社，2004：578.

题。无论是以打败对手为目标的争论或者只是追求多数人的共识，都不能在真正的批判性研究中占有一席之地。也可以这样说，教育者不能将学习者某些大胆的主张，或者已经获得大多数学习者普遍赞同的主张肆意地宣布为危险的意见，这种方式只是意味着赋予这些主张以它们根本不应当得到的重要性，这是很不明智的。对于教育者来说，公平、平等地对待学习者的发言，并从意义入手，理解它们是至关重要的，因为不论是它们的戏剧性质还是它们的受欢迎程度都不是它们优点的衡量标准。康德认为，达到批判性反思的立场，就是在理性的发展中达到成熟。这个阶段与康德在纯粹理性的历史中勾勒出来的哲学认知的发展相关。简而言之，理性成熟的实现恰恰是哲学认知的成熟。纯粹理性发展到独断论阶段只是哲学的学习者时期；如果理性通过经验而达到判断力的谨慎，则表明哲学发展到了第二阶段，即怀疑论时期。然而，这只是理性的休憩之地，理性必须通达第三阶段——批判时期，也就是说，它需要拥有一种"成熟的、男子汉式的判断力，这种判断力把坚定的并依据普遍性检验过的准则作为基础；把理性本身交付评估，从而超越理性的检察官，而达到理性的批判"。❶

三、纯粹理性在假设和证明上的训练承担着批判的教育目的

批判的教育任务，实际上是对那些对学习者有害的思维

---

❶　康德. 纯粹理性批判［M］. 邓晓芒，译. 北京：人民出版社，2004：584.

方式的指责，可以追溯到批判作为苏格拉底式的对错误的净化。康德明确地以反问句的形式提出了这个问题，教育者是否应该在学习者的判断力成熟以前，抑或至少在教育者想在他们心中确立的理论有了坚固的地基，从而使学习者能够坚定地制止所有无论来源于什么地方的反面说教（反复灌输的信念）之前，就告诫他们警戒这类作品，并制止他们过早地去了解那些危险的命题呢？然后他继续反驳，如果不得不把纯粹理性的善的事业停留在独断的争论中，那么权宜之计就是暂且将学习者的"理性在一段时间内置于监护之下，并至少此期间内保护它不受诱惑"❶。康德的观点再次提醒教育者，任何控制性教学都会衰败，也就是说，从长远来看，它必然失败，因为任何人都无法最终控制个体是否保持教师教给他们的东西。正如康德所问，当不可避免地面对批判和反对意见时，或者由于好奇心或时代的风尚使得这一类的文字撞到了学习者面前时，那些年轻时代的置信（反复灌输的学习者的信念）还能经得起检验吗？学习者已经习惯了以独断的模式，并且没有装备能够审视他们自己或者对手立场的辩证法，而仅仅是被对手的反对意见的新奇性左右，他们年轻的信任感容易受到怀疑的影响，导致他们宁愿相信怀疑是他们达到成熟年龄的标志，借此表明他们长大了，而怀疑并不是他们幼稚的信仰，最终的结局是他们急切地"扔掉那些善意的警告"，并"将独断地败坏自己原则的毒药"，在毫无批判的情况下一饮而尽。❷

---

❶ 康德. 纯粹理性批判 [M]. 邓晓芒，译. 北京：人民出版社，2004：580.
❷ 康德. 纯粹理性批判 [M]. 邓晓芒，译. 北京：人民出版社，2004：580.

从康德的观点来看，对教条形式的精通，再加上反对教师观念的情感诉求，使得追随者很容易将一套教条主义原则与另一套教条主义原则进行互换。比如笛卡尔在《谈谈方法》中，同样痛斥了他所接受的教育，这看似是康德的启蒙所呼吁的"勇敢地利用你的理性"的预演。但是笛卡尔的哲学，无论是算术方法还是演绎推理，抑或是从"我思"到对上帝存在的肯定，都采用了康德所反对的哲学认知的数学模型。然而，对康德来说，学习者理性判断的自由总是普遍的，因此，只有与从人性整体的角度来思考的原则相结合，并坚持所有原则的内在统一性和连贯性，即将所有目的、原则整合在最终的至善目标之下时，这种公开使用理性和运用自己思考的准则才能有效。在《精神生活》中，汉娜·阿伦特阐明了其中的含义。不诉诸思维在政治和道德事务方面是可以推荐的一种方法，不过这是有危险的。阿伦特认为，这种不思考方法虽然能够使人避免思考的危险，教育学习者奉行所在时代和共同体的既定行为规则，但是他们仅仅是获得了将特定事物归入其中的准则，或者说只是准则而已，也就是说，他们习以为常的并非准则的内容，因为如果要对准则的具体内容做深入考察，便会使他们陷入困惑之中。假如有人为了某种目的竭尽所能地去废除旧时代的价值或美德，便可以轻而易举地再设计出一套新的法典。然而，共同体中的学习者越是相信旧的法典，也越容易适应新的法典，因此，如果他们不假思索地看待世界，最遵纪守法的人反而是那些最不可能沉湎于思维和最不危险的人，学习者很快就会不知不觉发生改变，从旧规范的拥护者成为新规范的拥护者。❶ 随着批判能力的下降，判断退化为情感问题，而这也符合现代经验主义认识论中所宣称的基础。在这种情况下，起支配作用的是劝说性的诡辩，而不是批判性的省察的信念。

一个类似的结果也同样适用于内在的精神生活。在《精神生活》这篇文章中，阿伦特分析了哲学史上的转变，从对存在的肯定（伴随着一种惊奇和钦佩的状态）到现代虚无主义的虚无。思维只是在现实中思考，思维意味着说"是"和真实纯粹存在的真实性。这种思维内在地导致了存在的基础问题，导致了为什么有任何东西的形而上学问题。阿伦特在萨特的《恶心》中找到了一个典型的陈述："一旦对造物主——上帝的信仰被断然抛弃，人类理性只留下它自己的能力，思维的'最后问题'就产生了。"❷ 萨特的主人公的反应不是惊奇，也不是困惑，而是对不透明的纯粹存在、对赤裸裸的现实存在的恶心，所有的可理解性都被完全无意义的存在所取代。这并不是批判性的审察，而是为了将理性理念的目的与自然的无目的的自然主义观念进行比较开辟了道路。康德返回并致力于将几乎整个《判断力批判》的方法论用于这个问题。事实上，在某些情况下，物理学把对其统一理论的追求中的表征等同于理解上帝的思想方面，走向了另一个极端。一个完备的理论，其主要原理是要面向大众的，而不仅仅是面向少数科学家，所有学习者都能而且需要思考我们为什么存在以及我们所生活的空间为什么

---

❶ 汉娜·阿伦特. 精神生活·思维 [M]. 姜志辉，译. 南京：江苏教育出版社，2006：198.

❷ 汉娜·阿伦特. 精神生活·思维 [M]. 姜志辉，译. 南京：江苏教育出版社，2006：164.

存在的问题。而当通过自身努力求得解答时，也是人类理性获得终极胜利之时。不过，在 19—20 世纪，对于大多数的学习者来说，科学变得过于专业性和数学化，而这就是从亚里士多德开始，一直到康德哲学的伟大传统的堕落！❶

康德并不主张理解或控制上帝的思想和整个宇宙。他在证明的训练上花费了很长时间，内容占到纯粹理性的方法论的三分之二，甚至超过了第二批判中实践理性的方法论的内容，这至少证明了，他对问题严重性的认识，可以说，在康德看来，很难在短期内打破长期存在的认知习惯。康德非常急切地强调理性不屈不挠地追求知识的欲望和自我认知的自我反思活动的区别。在教化意义上的教育，即培养心灵生活，首先也是积极地参与理性的自我认识过程。只有这样，知识主体才能实现统一。在这种统一中，一切科学都是为理性存在的人类的使命和规定服务的。从本质上讲，哲学认知与达到这种自我认识的努力是一致的。在康德结束他对批判的教育任务的讨论时，声称尽可能早地向他的学生介绍纯粹理性的原则，并使学生有机会练习这些原则，尽早意识到自己的力量去对抗有害的（幻相的）欺骗而完全保护自己，无论这是来自别人的立场还是他自己的思维结构。❷ 因此，批判培养了自己思考或独立思考的这种不可或缺的能力，培养了独立于教师的独立性以及自主性，这对与人类深切关注的关系在学习者个体内部的完整性来说是

---

❶ 史蒂芬·霍金.时间简史［M］.许明贤，吴忠超，译.长沙：湖南科技大学出版社，2018：233.

❷ 康德.纯粹理性批判［M］.邓晓芒，译.北京：人民出版社，2004：581.

必要的。换言之，理性通过自我批判，使得学习者产生了对自我主体的信任，激发了学习者作为主体不断努力的动机。这也是康德提出的纯粹理性的训练的内涵，所谓的训练，就是这样一种把通过目的所引导的连贯性给予这样一种恒定性的努力。这样一来，学习者就可以达到他的人格，也就是说，对理性的批判性审察打开了展望实践领域的视野，在实践领域中学习者有理由希望找到一个坚实的基地，来建立起他的理性的和有益于世界的体系。这样一来，理性既可以按照形式，也可以按照内容来训练它自身了。

第二节　纯粹理性的法规：积极性的"方法论"

正是在进入实践领域时，康德转向了方法论的积极性环节，即纯粹理性的法规。最后目的、至善理想以及意见、知识和信念三节内容，构成了纯粹理性的法规。康德通过法规将之前论述的理论理性引向了实践理性，将知识引向了道德，并以希望的方式，沟通了知识和道德，在理论理性和实践理性的鸿沟之间架起了桥梁。康德的批判道路是一条开放的未来之路，并能借此批判而得到确保的目标，因此，在法规中，康德进一步提出了必须逐步去做的事情。

一、训练具有积极和消极的双重作用

在论述法规之前，康德首先指出，令人耻辱的是，理性在应用中不仅毫无成就，而且还需要一种训练（训诫）来限制它自己的放纵。换言之，康德首先得出了一个消极性的结论。这是因为，在运用纯粹理性的时候，把纯粹理性和经验的对象割裂开来了，把经验的材料、经验的内容与纯粹理性割裂开来了，这不能获得真正的知识，也一事无成。但是，知性还要在经验的运用之外，去追求先验的运用，由于求知欲的诱惑而去认识本不能认识的物自体，这就是理性的放纵或僭越，需要限制。用阿伦特的话就是，学习者的精神不能把握有关问题的可证实的确切知识，但必须思考它。这也说明康德非常清楚理性非常急切地需要自己并不等同于纯粹的求知欲，但同时也要求自己多于纯粹的求知欲，正因如此，康德进一步区分了知性和理性、认识和思维以及认识与意义。不过，庆幸的是，由于理性能够且必须自己实行这一训练，从而使理性重新振奋并给了它自信。随后，康德强调了训练的消极意义，即"它的不声不响的功劳在于防止谬误"❶。这种双重教育意义，首先是消极的，然后是积极的，康德在他的崇高概念中对此作了充分发展（《实践理性批判》中对通过练习来训练判断力的描述），学习者的自我认识承认自己是作为真正无限的存在，并与整个道德秩序紧密相连。因此，这是一项对实现人类尊严至关重要的训

---

❶ 康德. 纯粹理性批判［M］. 邓晓芒，译. 北京：人民出版社，2004：606.

练。只有通过纪律或训诫，只有通过消除任何形式的自负或自命不凡，并且只有通过谦逊的途径，才可能实现人类的尊严。其他的任何道路可能看起来是捷径，但是都实现不了最终的目的。

然而，理性暗示出，它对超出经验边界的物体有很大的兴趣，这说明理性具有在这些界限之外的某个地方站稳脚的欲望，而且康德也同意在某个地方存在着属于纯粹理性领地的积极知识的根源。❶换言之，现在是时候从思辨的限制转向实践，转向纯粹理性的法规，它指的是能够使某种认识或知识能力得到正确应用的先天原理的总和，这就关系到理性的实践运用了。理性的运用从理论领域转向了实践领域，理论理性转向了实践理性。康德讨论的进程是从理性的纯粹运用的最后目的到至善理念的最后目的的规定根据，再到人类理性与真理相关的判断模式与信念。

二、促进道德发展是法规的积极性认识

康德重申，在所谓的纯粹哲学中对理性的整体处理涉及意志自由、灵魂不朽和上帝存在三个命题和理念。他强调，必须谨慎的是，一方面不能损害了系统的统一性，而另一方面也不能缺乏清晰性或说服力。康德在《纯粹理性批判》A版序言中提出自我认识是学习者的责任和义务的命题，学习者需要为自己的发展、自我认识和自我教育承担起责任。

---

❶ 康德. 纯粹理性批判 [M]. 邓晓芒，译. 北京：人民出版社，2004：606.

在康德看来，实践是指凭借自由而可能的全部东西，也可以说是与自由的任意（自由的选择能力）相关联的所有东西，无论是作为原因或后果，都属于实践的范畴，这与教人明智的训诫或处世之经相一致，旨在把生活在世俗世界中的学习者的偏好或欲望所求的一切目的，全部统一到一个唯一的目的，即幸福之中，从而使通达幸福的各种手段协调一致。在邓晓芒看来，康德这里的自由的任意本身包含着技术上的实践与道德上的实践，前者并没有摆脱自然的法则，而后者则是以自由意志的原则为根据。❶ 也就是说，与仅涉及实际发生的事件的自然法则相反的自由法则，时刻提醒着学习者什么是应当发生的事情，虽然它们可能永不会发生，但是本应该去做的事情对于学习者来说，始终都是当务之急；换言之，理性的实践运用指向的是所为所不为的问题，也就是要解决学习者应当做什么和不应当做什么的问题。这直接指向了自由，即有理性的存在者，如何运用他的自由的问题，而实践也就是以自由为基础的纯粹理性的运用领地。在黑格尔看来，"实践的理性"是指学习者能够主动"思维的意志"，也是他们根据"普遍规则或原则自己决定自己的意志"。❷ 理性应该是"精神的两种基本活动"中的一种，即"教导并解释所为所不为"的能力。❸ 而另外一种是另一类的欲望能力。因此，康德不会将理性的实践运用作为

---

❶ 邓晓芒. 康德哲学诸问题［M］. 北京：生活·读书·新知三联书店，2006：195-196.

❷ 黑格尔. 小逻辑［M］. 贺麟，译. 北京：商务印书馆，1980：142.

❸ 西塞罗. 论老年 论友谊 论责任［M］. 徐奕春，译. 北京：商务印书馆，2003：136.

解决理性的思辨兴趣或目的的途径，这是因为，如果在思辨领域内，依据"从经验对象出发所设计其统一性的方式，只是推导出有关理念的幻相的规定，借此形成的只能是对理性目标和最后目的的消极性限定"❶。因此，康德旨在恢复理性在学习者的共同体生活中所起作用的经典性理解。

康德从至善理想这节开始，确定了三个重要问题，即我能知道什么？我应该做什么？我希望什么？而所有理性的利益和目的（思辨的和实践的）都统一在这些问题中。这些问题可以作为研究学习者在世界上的认知、道德活动范围的内容，它们构成了探究的系统结构，在这个系统结构中，问题以一种综合的、适当的方式提出。在进一步认识到哲学认识本质上是达到自我认识的努力之后，这些问题和"人是什么？"的问题，也就构成了康德的哲学纲领，并最终回答了学习者是如何自我教育的问题。在提出这些问题之后，康德便对有系统地统一目的的可能性的基础作了进一步分析。康德着重提出了道德意向的优先性。在他看来，这种意向使配享幸福成为可能的条件，是配享幸福的基础。而这也是希望的问题，无论是技术上的实践，还是道德上的实践，人人都希望成为幸福的，从而达成幸福的系统统一。在康德看来，这种特殊种类的系统统一是一种道德统一，并且为了这个目的，纯粹的理性在其实践的运用中包含了这些行动在人类历史中有可能以合乎道德规范的方式呈

---

❶ 杨山木. 先验的方法：康德哲学的方法论研究［D］. 长春：吉林大学，2010：57.

现出来，并含有经验可能性的原则。❶ 历史上有很多这样的道德模范的例子，能够为学习者分析这种道德律提供经验性的实例。当然，这只是一种可能性的，而不是绝对的，但学习者可以分析出一种可能符合道德律的行为，这就为他们对道德律进行思辨探讨提供了基础。这种行为的后果与幸福在实践上的必然连结的可能性的深层基础是最高的本源善的理想。换言之，至善理想既具有理论的内容又具有实践的任务，从而借助这一双重作用而成为最高的本源的善。也就是说，无论是幸福还是道德行为都不能单独构成人类的全部善（至善），人类的全部善在西塞罗的《论至善和至恶》中具有优先地位。也就是说，"telos"不仅包含"目的"的意思，还有"完全"的含义，是人的本质能力——尤其是人独特的理性能力——的完全发展和正当使用。"尤其是这些书卷中提出的问题——什么是目的，什么是最后的终极目的？这是关于幸福和正当行为的一切重要原理的标准"；西塞罗所说的旨在研究"生活中什么是最高的善、什么是最真实的法则"的目的就是要彻底探究"善与恶的目的的完整论述"。❷ 在此过程中，他确定了理性的如下作用，即当添加了理性之后，在有感知觉能力的动物有机体中，理性被置于一个统治地位，所有原初的自然赋予物都被置于它的保护之下。于是，理性永不放弃保卫先前元素的职责，它的任务

---

❶ 康德. 纯粹理性批判［M］. 邓晓芒，译. 北京：人民出版社，2004：615.
❷ 西塞罗. 论至善和至恶［M］. 石敏敏，译. 北京：中国社会科学出版社，2017：6.

就是支配这些元素，引领生活的整个航程。❶ 需要将自然的欲求和职责，甚至美德本身都包括在一个目的中，即至善中。正如康德所说，一个道德世界的理念具有客观的实在性而指向感官世界。❷ 这个道德律的理念能够指导、范导学习者的生活和行为，不断趋向于道德的世界，从而实现人类的道德化。这也是康德在《论教育学》中所说的，人类正在努力趋向于道德化，但只是处在了文明的时代，远没有达到道德的世界。因为这个道德的世界只是一个理念，指导着主体及类的行动。这也就是训练的积极作用。

也就是说，只有在理性的影响下，为了实现人类最终目的的所有禀赋或能力才能充分发挥其内在的潜能。在第一批判的法规中，康德提出了一个道德的世界的理念，这个世界将成为一个现实的生活世界，也是一个和全部道德法则相符合的世界，这个世界不仅依据有理性的存在者的自由能够存在，而且在遵循道德法则的情况下也是应当存在的世界。因此，可以说康德所提出的道德世界的理念具有客观的实在性和现实性，作为一种实践上可能而且理应对感官世俗世界发生影响的实践的理念，可以使这个感官世俗世界尽量地符合这个道德的世界。这对于生活在共同体中的学习者来说，是一种希望，一种追求卓越的希望，也就是有理性的学习者可以在一个与道德性成比例地结合着的幸福的体系中，实施这种道德的世界理念。❸ 而

---

❶ 西塞罗. 论至善和至恶 [M]. 石敏敏，译. 北京：中国社会科学出版社，2017：125.

❷ 康德. 纯粹理性批判 [M]. 邓晓芒，译. 北京：人民出版社，2004：614.

❸ 康德. 纯粹理性批判 [M]. 邓晓芒，译. 北京：人民出版社，2004：615.

由道德法则所促进，同时又受道德律所强制的自由，从本质上来说是学习者普遍幸福的原因，所以有理性的学习者追随着这些道德法则的指引，他们自己随即便成为他们自己的、同时也是其他人的持续福利的创造者，而这依赖于每个人都做他应当做的。换言之，它依赖于这样的条件：以什么应该做和什么不应该做（所为所不为）作为内在原则培养理性，在设定目的的理性能力中，去实现熟巧的、道德上善的判断。这样一来，康德就将外在目的论转向了内在目的论，并通过这种内在原则的至善理念打破了外在强制原则，尤其超越了"中世纪神学对人性的强制和对生命的阉割"❶。

正如康德在《纯粹理性批判》中所言，他提出了正确运用学习者认知能力的原则。他进一步提出了自然世界的问题，与这种道德上有目的的理性运用相协调，而且他在《判断力批判》的方法论中再次论述了这个问题。在第一批判的讨论中，康德强调了自然和道德目的的相互作用。康德分四个层次论述了这个内容。在康德的论述中，道德目的也就是道德的合目的性统一，而自然目的也就是自然的合目的性统一。

首先，不能将道德目的强加于自然界。当拥有了这些道德的目的并以之为指导时，只有在"自然本能地展现出自然合目的性（内在合目的性）统一"的时刻，学习者才能"对自然的系统知识在认识论上作一种合目的性的应用"，也才能把"自

---

❶　杨山木. 先验的方法：康德哲学的方法论研究［D］. 长春：吉林大学，2010：59.

然知识整体当作一个部分置于道德目的系统中"。❶ 不过，当自然界表现出一种机械关系时，不能够直接把道德的东西强加于它，从而打乱自然的规律。从这一点来说，康德改变了亚里士多德的观点，将一种外在的目的论转向了内在的目的论。

其次，目的论概念为训练理性提供了理性的学校。进一步而言，学习者的理性渴望达到一种系统的统一，渴望学习者能够将自然知识看作一个系统的统一体，从而实现合目的性的运用，为此，学习者必须把自然看作有一个自身合目的的系统，将知性提升到理性，进而提升到先验理念，从而对知性知识发挥范导性的作用，这个过程是对自然的合目的性的探索与考察，也是训练学习者对自然的自身合目的性思维的过程，也是培养学习者对于与自然有关的目的判断的培养（第三批判中康德又作了论述）。这种探索与追求，就是一所理性的学校，以合目的性统一的概念作为课程资源（诸如灵魂、自由等道德目的概念，也包括有机体、自然界的目的系统、自然界有机体系统等自然目的的概念），完成对理性本身的训练，促使知性提升到理性，使理性得到运用，也就是将思辨运用（逻辑运用）提升到实践运用。也就是说，目的论概念一直范导着理性追求更高的无条件者，追求更系统的知识整体。

再次，自然目的为道德目的的实现提供了条件。因为道德目的只能由理性产生，而学习者具有任意性（自由、理性），所以在康德看来，道德合目的性统一是必然的。在世俗世界中，为了追求幸福，必然有任意性的活动，而这种任意性的活

---

❶ 康德. 纯粹理性批判 [M]. 邓晓芒，译. 北京：人民出版社，2004：619.

动也只能在自然界中才能得到具体的运用。因此，自然界为学习者的自由任意性提供了具体运用的条件，换言之，在实践的应用中，学习者自由的任意，必须按照自然的合目的性统一才能实现。但为了保证学习者的行动符合道德的合目的性的统一，在世俗世界中实现道德目的，就需要假设自然界也有一种与之相应的目的论的系统统一性，从而确保道德目的能够实现。

最后，自然目的论是道德目的论的结果。在康德看来，学习者的理性知识需要有先验的提升。换言之，需要将理性的逻辑运用或思辨运用提升到理性的纯粹运用或实践运用，后者给一切知识都提供了一个先验理念，对知识起范导性的引导，使知识达到更高的统一，形成系统性的整体。换言之，康德将自然为人立法转向人为自然立法，道德目的是拥有纯粹理性的学习者必然会有的一种目的，并促使他们到自然界去寻找合目的性的统一，促使学习者超越机械论而追求先验理念，寻求更高的统一性，从而把整个自然界看成合目的性的整体。

康德警示，涉及本源性的至善的理念，如果忽视道德道路并再次诉诸理性的理论运用，将使整个事业无所作为。这表明，求知欲的诱惑严重地压倒了学习者对自我认识的需要，这本质上就具有教化的作用，有助于学习者实现人类的规定和使命，这是哲学的目的，也是哲学的教化作用，同样是教育的目的。正是在这个意义上，康德坚持道德神学，而反对在神学的基础上建立道德的努力。也就是说，只具有内在运用的道德神学，把包括道德目的和各类幸福的目的统一到配享幸福的至善体系中，并在自然世界或经验世界中、在自我和他人身上实现出来，从而实现人类的使命，而采用实践理性的超验运用，也就是诉诸上帝的启示和灵感，狂热地或罪恶地放弃实践理性的"道德立法在良好生活方式上的指导"，"必将颠倒理性的最后目的并且阻碍它的实现"。❶

三、区分意见、知识和信念是学习者判断自我和真理概念关系的基础

警告自然地导致对人类理性与真理相关的判断或信念模式作更为详细的分析，更具体地说，即审察哪些模式合乎意见、知识和信念的可能对象。在意见、知识和信念这一节中，康德探讨了学习者视某物为真时的考核维度，具体包括个人的、普遍的、主观的、客观的四个维度。他区分了确信和置信，前者是普遍有效的，其根据是客观上充分的，而后者的根据仅限于主体，是单纯的私人有效性。在主客观上都不充分的视其为真，就是意见，而且在纯粹理性的判断中，也就是在实践理性中不可能出现意见；信念（信仰）则是主观上充分，而没有客观充分性的视其为真，康德借此引出了道德信念；而知识则是在主客观上都充分的视其为真。

信念（信仰）被康德界定为主观充分的确信，以此区别于置信。在这里康德引入了打赌。打赌被用来测试一个断言的信念，以此来确定到底只是置信，还是主观的确信（坚定的信

---

❶ 康德. 纯粹理性批判 [M]. 邓晓芒，译. 北京：人民出版社，2004：621.

念）。这也是他所主张的研究方法之一。它在教学上也很有用，因为打赌可以作为一种使人疑惑的手段，使学习者摆脱深信不疑和倔强固执的态度，以此来防止犯错。习惯于对他们自己认为是真的东西进行苏格拉底式的审察的学习者可以自己承担起这个过程，假如学习者想象一下他们"如果以自己全部生活的幸福为赌注，可能会在打赌中输掉一切，这就会使他们对自己自鸣得意的判断产生疑虑，会使他们非常慎重地发现，他们的信念还不够那么充分"❶。此时，自负再一次被打倒，而谦逊则可能在学习者的理智中再次萌生。

在一个能够指导真理的判断中，这个连接的原则要求普遍性和必然性。在道德情况下，这是一些探明某事是否被允许的判断，而道德可能性优于康德在第二批判中继续发展的物理可能性。讨论的大部分内容都致力于理性的先验运用，包括知性和理性理念的先验运用，前者对应知性，后者对应理性，而且它们都被康德称为内在的应用，也就是说它们应用的对象是一切有关经验世界的知识，而不是自在之物。按照康德的说法，具体到经验对象，先验范畴是构成性的，而先验理念则是范导性的，引领着经验知识走向系统性的统一。在先验运用中，"说意见当然是太少了，但说知识却又太多"❷。康德对这种先验运用的描述再次引发了合目的性的统一概念，而这个合目的性的统一是将理性应用于自然的主要条件，理性理念以一种范导性而非构成性的作用，引导着学习者不断追求系统性的自然知

---

❶　康德. 纯粹理性批判［M］. 邓晓芒，译. 北京：人民出版社，2004：624.
❷　康德. 纯粹理性批判［M］. 邓晓芒，译. 北京：人民出版社，2004：623.

识体系，将不同类型的经验都整合进一个有秩序的目的系统，最终达成对整体性的追求。也正是在这种情况下，康德否定了实用的信念模式可以规定纯粹理性在实践中依据道德所确立的理念的形式，也就是说，在法规中确立的理念就是道德的信念（信仰）。

由于实践理性的概念本质上是判断必须做什么和不做什么（所为所不为）的能力，因此可以将这种理性进一步理解为一个系统的统一，即在最终目的指导下，整合所有目的，也就是将幸福和道德统一为至善，并且由于这种理性是维持最终目的内在的一致性和可能性的根据，是确信断言的模式，被康德称为道德的信念。这个道德的信念关系到上帝的存在，是在意见和知识之间通过中介的模式被建立起来的。作为中介的信念预示着康德的希望哲学在提升幸福指数的同时，将希望认识论理论纳入了合目的性的统一，从而构成一个道德世界。在道德信念的情况下，应该做什么是必然也是必须要发生的。换言之，学习者会在所有的行动中听从道德律的指引，努力追求道德和幸福的合一，而当有一个上帝和一个来世的理念性的条件存在时，学习者会依据他们一切的洞见，不可回避地将这个目的与一切目的全都关联起来，并使之具有实践的效用。只有在这两个理念同时存在的情况下才构成适合于德福一致、配享幸福体系的前提条件。这一陈述表达了对理性利益的积极认识，理性利益恰恰属于纯粹理性（实践理性）的范畴。在这里康德强调了道德意向的优先性，而且将此看作配享幸福的基础，并指出只有将道德信念建立在道德意向之上，才能摆脱摇摆不定，达到绝对必然，从而经受住怀疑论的考验。换言之，道德信念成为以道德意向为基础的道德的确定性，这就使道德获得了一种相对于宗教信仰来说，在教育学上的优先性。

正如康德在脚注中所阐述的那样，人本性中的向善禀赋，使得理性有追求善的倾向，而学习者如果能够主动承担起使自己成为好人的责任，至少能够使自己走在成为好人的途中，从而加固和扩展人的这种自然禀赋，那么就能够在理性好学本性的基础上进一步教化他们的理性，使他们摆脱外在的自我保护原则的遮蔽，提纯出实践理性的道德律，从而通过自我教化成长为有诚实信仰的人。反之，他们就会成长为没有诚实信仰的人，学习者本身也就丧失了自我责任，没有承担起对自我的义务，甚至亲手扼杀了胚胎中的道德禀赋，扭曲了学习者的自我本性。总而言之，学习者如果没有了道德，也随之失去了自尊，而自尊并非理所当然的事实意义上的存在，而是在纯粹实践理性（道德）上所担负的自我理解意义上的存在。因此，学习者为了让他自己"不在自己眼中""成为可憎"的人，他"就不能放弃"他的道德准则。❶

因此，由理性也就是教导和解释"应该做什么"以及"应该不做什么"的概念所规定的思维框架，进一步确立了自我责任的观念，确立了自我责任在为了自我及自我与人类事务关系中的作用。康德对至善理念的讨论支持并扩展了这一思维框架，试图将它与理性的公开运用和扩展性思维联系在一起，这是人类健全知性的第二个准则所要求的。在康德

---

❶ 康德. 纯粹理性批判［M］. 邓晓芒，译. 北京：人民出版社，2004：626.

看来，健全知性包括三个准则，即自己思考、站在别人的角度思考（目光转移）、回到自己的思考中。换言之，就学习者与人类本身的关系而言，它需要发展学习者作为个体的自我理解。在他的著作中，康德以多种不同的方式表达了这样一种自我思考的一般概念，其本质上是在众人之间或在共同体中进行思维，以及学习者如何在思维中，与世界上的其他人发生事实性的关系。换一种表述方式，可以将健全知性的准则，理解为自我思维的原则，即无偏见的原则、扩展的原则（真）和一致性的原则（善），但是自我思考的概念专注于扩展的准则或者扩展的思维方式。在三大批判中，思维方式这个术语特指为了实践的目的而超出批判理论界限的理性的扩展使用，因此直接地与恰当追求纯粹理性（实践理性）的积极认知联系起来。积极认知就是引导经验世界的行为符合道德世界的理念，达到德福一致、至善，从而将理论理性引向实践理性，将学习者从一个知识人引向道德性的存在。作为健全知性的第二个准则，即扩展的思维，要求扩展一个人的思维，这与他人的自我认识有关；这有效地将思维方向从自我转向了人类共同体，转移到了更广泛的人类领域。❶ 早在 1764 年，康德就暗示了这种从人性中自然产生的这种转变：每位学习者在共同体舞台上依据他们的偏好而行动时，他们可能会被一种深邃的冲动所差遣，促使他们在头脑中采纳一种旁观者的立场，以此来评判他们自己的举动所产生的形象在观

---

❶ 李泽厚. 批判哲学的批判：康德述评 [M]. 北京：生活·读书·新知三联书店，2007：425.

察者的眼中看起来是否得体。在《实用人类学》中，康德探讨利用多元主义反对利己主义，"多元主义"是每个人并不把自己视为"将整个世界囊括在自己的自我之中的人"，而是把自己"当作一个纯然的世界公民来看待和对待"的"思维方式"。❶这样一个世界主义意向，康德将其视为一种甚至超越了对人有仁爱之心的培养水平，学习者所关心的内容应该包括："1．他们自己；2．他们与之共同成长的别人；然后必须是3．对世界福祉的关切。"❷从这个角度来看，训练和法则是作为培养类似于苏格拉底式的自我审察和自我认识的哲学思维的第一步，直接为明确讨论建筑术中引入的哲学的世界性概念奠定了基础，哲学作为将人类的所有知识与人类理性的根本目的相互关联起来的科学，是人类理性的目的论。这既要求学习者像蜜蜂那样辛勤地劳动和工作，又要求他们对自己的"理性—知性"作出批判，从而促使他们不仅能够直观，而且能够思想。❸

---

❶ 康德. 实用人类学［M］// 李秋零. 康德著作全集：第7卷. 北京：中国人民大学出版社，2008：122.

❷ 康德. 教育学［M］// 李秋零. 康德著作全集：第9卷. 北京：中国人民大学出版社，2010：500.

❸ 叶秀山. 启蒙与自由：叶秀山论康德［M］. 南京：江苏人民出版社，2011：87.

第三节 纯粹理性的建筑术：建构性的"方法论"

康德主要探讨了纯粹理性如何将庞杂的知识建构成科学知识体系的方法。换言之，他提出了一个建造的计划，这就是纯粹理性运用的建构性的方法论。也就是说，可以按照一个计划将庞杂的教育知识建构成统一的教育科学体系。在其中康德进一步论述了世界主义、世界公民的概念，这些对于进一步反思教育提供了教育哲学的根源。接下来按照康德论述的节奏，从教育学的视角作进一步阐述。

一、建构教育体系确保教育秩序符合人类的最终目的

涉及教育科学体系，首先要思考的是教育的原则和目的。康德在建筑术中提出了最高原则和终极目的，即人类的全部使命和规定。人类的使命和规定原则的解释涉及它与先验理念概念的一致性，即先验理念就是有关一个整体的形式的理性概念，这个概念规定了杂多东西的范围和各个部分相互之间的位置。在分析康德的教育理念相关的先验观念时分析了这个内容。如何以及为什么要接受这一原则则是一个世界主义的概

念，也许可以根据康德对世界理念的恢复来理解。正如布拉格所说："为了获得一个世界，你必须拥有整体。但是整体不是通过综合获得的。整体在一开始就给出了。整体不是定量的。统一性不是多重性过程的结果，也不是多重性的耗尽。整体先于一切过程，并使所有过程成为可能，并且在一切过程的每个方面都存在。"❶ 真实的世界是心灵的世界、思维的世界，它在一个可理解的世界的概念中被表达，这是康德所恢复的古老的概念，即学习者首先能够以严谨的方式思考理念大厦的世俗的本质，即就道德世界而言，它是目的统治的真正的、唯一可能的世界。人类的规定和使命的原则指向最终的目的，即至善，这也是康德所认同的教育的最高原则。它对学习者自我理解的影响是，一个人总是认识到存在在本质上是比个体更大的整体的一部分，而整体是在这个规定的理念中获得的，但是个体在共同体中的具体存在只有通过个体和集体的选择、行动和生活才能实现。正是对内在秩序原则、内在教师的关注，他的立法的理念是普遍人类理性的标志，普遍人类理性是实现在纯粹理性法规中所讨论的道德世界的条件。为了这个目的，理性的和经验的区别、理性知识和历史知识的区别、哲学（形而上学）思维和科学思维（包括数学、自然科学和逻辑）的区别必须澄清，以此辨别出培养理性本身的典型运用，即积极的哲学化。

　　所有这些区别以及哲学作为世界概念，作为学习者理性地运用的最高准则的科学。康德明确地指出必须练习自由地，而

---

❶　莱米·布拉格. 世界的智慧：西方思想中人类宇宙观的演化［M］. 梁卿，夏金彪，译. 上海：上海人民出版社，2008：307.

不是纯然地模仿，或机械地使用理性的问题，即使除了人性的最终目的，即配享幸福和有幸福感的系统统一之外，康德观察到仅仅遵循规则可能是有害的。换言之，对于一些理性的知识来说，仅仅历史地知道它们，这是有害的。主观地说，把某物本身作为一种客观的理性知识来对待，只把它当作历史的东西，当作从另一个人那里得到的信息来对待是有害的。比如，作为船长，他只需要从各种航海指南中获得航海的规则，在实践中就差不多够了。但如果法学家纯然历史地知道法学知识，那么，他去做真正的法官就糟透了，做立法者就更糟了。从另外一个人那里收到的作为信息的法学知识不会培养判断力，判断力是为了使学习者可以正确地把特定的事物归入相关的普遍事物之下，也就是将特殊纳入整体。在奥尼尔看来，"最终某种实践性原则必须来指导全部的判断行为"❶。此外，如果要实现正义，那么整个活动必须以人类的最终目的为导向。哲学思维（特别是形而上学）的作用与其他科学的关系是康德总结建筑术的要点。哲学将一切都指向智慧的目标，也就是形而上学通过它的审察职权使科学的共同事业的普遍的秩序与和睦乃至福利都得到保障，因为它"按照理性的各种要素和那些本身必须为一些科学的可能性及所有科学的运用奠定基础的至上准则来考察理性的"❷。换言之，形而上学确保了思维的内在结构和方向，保证了心灵生活的内在结构和方向，这种生活包括服从

---

❶ 奥诺拉·奥尼尔. 理性的建构：康德实践哲学探究［M］. 林晖，吴树博，译. 上海：复旦大学出版社，2013：24.

❷ 康德. 纯粹理性批判［M］. 邓晓芒，译. 北京：人民出版社，2004：641.

于一种适当原则的心灵生活和身体的生活，即身体的生存、自我保护、自我利益。这是一个批判性的考察，它唤醒了理性对自身至上原则的自我认识，使理性获得了将各种目的统一到最终目的的未来，而不仅仅是指向自然的目的的思想和判断的方向。

因此，对于这个时代问题的解决并不是教育和批判地灌输一些邻里之爱的命令，而是从与人类的最终目的相关的思想的内在立法，在形而上学上树立起一款思维的方式，而这款思维方式在被确立之后就会将自己的有益影响扩展到所有类型的理性应用上，并首次为学习者理性的运用植入了货真价实的哲学精神。

二、批判的路径是实现教育目的的最好方式

康德哲学的独特贡献，就是针对一切形式的独断主义即教条主义进行了深刻的批判，进而为有限—限制找到了哲学根据，从而使得哲学本身有了现实性，直指有限和现实，这是哲学的成熟，也是理性的成熟，也是作为理性的学习者自身的成熟，使得他们摆脱了他者—神学的统治，而可以成熟地运用自己的理性，在共同体中可以持续进行自我教育，并进一步为自己打开了未来之路。批判的哲学精神也是一种崭新的实践方向，这种转向始于苏格拉底。这种批判同时也是康德对柏拉图至善之术的发展，而至善是超出经验之外的理念，它范导着学习者的理性，追求智慧，寻求智与爱、理论与实践的统一。在

身利益、自身需求和偏好的支配，这种紧张关系始终存在，因而需要进一步阐明道德、德性、智慧和真诚等术语的含义。

严格来说，在批判的意义上，道德指的是实践理性与人类选择和意志之间的内在联系，而意志选择这一命令作为其最高准则是道德法则进入并影响人类心灵的途径。这种关系被主观地理解为敬重的道德感。康德在《纯粹理性批判》的导言中，用纯粹的一般逻辑和应用的一般逻辑之间的关系，比较了道德与德性之间的区别。德性涉及在世俗世界的具体情境之下知性及其必然运用的规则的一种表象，换言之，德性也在告诉学习者在不同的情境之下，他们可以凭借经验获得的哪些主体性的偶然条件，可以阻碍或者促进知性及其必然的应用。因此，应用逻辑所考察涉及"注意、注意的障碍和结果、错误的来源、怀疑、犹豫以及确信等状态"❶。同样，"纯粹道德只包含自由意志的必然道德法则"，而"德性学说是在学习者或多或少屈从的情感、偏好和情欲的阻碍之下衡量这些法则"，因此，"就像应用逻辑一样"，德性学说"需要经验性的和心理学的原则"❷。在建筑术中，对自然的形而上学和道德的形而上学的异同比较中，康德指出，后者包含了先天地规定所为所弃并使之成为必然的原则，道德是"行为唯一能够完全先天地从原则推导出来的合法则性。因此，道德形而上学真正说来就是纯粹的道德，

❶ 康德. 纯粹理性批判（第 2 版）[M]// 李秋零. 康德著作全集：第 3 卷. 北京：中国人民大学出版社，2004：71.

❷ 康德. 纯粹理性批判（第 2 版）[M]// 李秋零. 康德著作全集：第 3 卷. 北京：中国人民大学出版社，2004：71-72.

在它里面并不以人类学（不以经验性的条件）为基础"❶。康德还明确提到了希腊语和拉丁语的德性意识，他认为，在这两种情况下，德性（美德）"标志着英勇无畏的精神和刚毅"，所以也"假定了一个敌人"。❷其次，德性是学习者在遵循自己的义务时准则的力量，是一种内在自由的原则，包含着内在立法的自我强制。在这里，这种敢于对抗一个无比强大却不道德的敌人的能力和深思熟虑的决心是勇气，而相对于学习者心中的道德意向的敌人来说，这种勇气就是德性。最后，康德在拉丁语的基础上提出，德性是道德上的勇气。正义是指在所有思考、选择、行动中都是真诚的或者诚实的。因此，在康德的语境中，可以说，诚实的也就是正义的。也就是说，在学习者与世界、学习者彼此之间的所有可能关系中，他们都是诚实或真诚的。智慧是理性的合法则的和完善的实践运用的理念，因此，即使在最低限度上来说，学习者也不能让其他人给自己灌输智慧，智慧必须通过学习者自身的能力和努力从自身中产生。另外，康德将智慧与至善的理念联系起来，作为统一所有目的的最终目的。用康德自己的话来说就是，智慧便是学习者能够将所有他们可能设定的目的必然地统一起来的理念，正因如此，智慧必须被看作本源的，至少是限制性的条件而用于学习者的一切实践活动的规则。

---

❶ 康德. 纯粹理性批判（第 2 版）[M]// 李秋零. 康德著作全集：第 3 卷. 北京：中国人民大学出版社，2004：537.
❷ 康德. 纯然理性界限内的宗教 [M]// 李秋零. 康德著作全集：第 6 卷. 北京：中国人民大学出版社，2007：56.

第一节　道德判断力：培养对法则的品味

康德的人格概念是一个有效的因果律，换言之，先验的道德法则是通过道德人格作为其在世界上的现象来实现的，而道德教育也必须指出与这一法则的关系。这种法则应当使感官世界作为一个感性自然（就有理性的存在者来说）获得一个知性世界，亦即一个超感性自然的形式，却并不损害感性世界自身的机械作用。道德性的培养意味着塑造思维方式，这是一个必须建立在准则上，而不是建立在训诫上的教学过程；为了确立道德性，教育就必须不能依赖惩罚。品格（人格）建立在准则上，"循着准则而生活，意思是有原则的生活，也就是理性的生活。经由准则，学习者可以避免随性的作为或者被情绪淹没而做傻事"❶。因此，所涉及的是培养运用理性，不过，康德告诉学习者理性自身并不是依照本能起作用，而是需要尝试、练习和传授。更准确地说，塑造人格就意味着，必须在学习者的思想中建构一种思维方式。也就是说，思维的运用、理性的运用，必须在服从理性自己为自己立的法则的情况下付诸实践。为了使客观的实践理性成为主观上实践的那种方式，就必须确

---

❶ 曼弗雷德·库恩. 康德传［M］. 黄添盛，译. 上海：上海人民出版社，2014：181–182.

保纯实践理性的法则进入学习者的心灵并影响其准则。正是在这一点上，康德在《实践理性批判》的纯粹实践理性的方法论中讨论了道德教育在形成人格过程中的作用。也就是说，康德从哲学层面上对道德教育进行了方法论程序的规定，而这种方法论旨在回答，教育者可以运用"什么样的方法论使道德的普遍法则成为学习者内在的准则"❶。要实现这一目标，就必须通过教育，也就是对学习者进行道德教育。所以，纯粹实践理性的方法论讲的就是道德教育的方法。培养道德判断的这种方法包含两个阶段的过程，分别与美和崇高有关。

一、客观的法则何以成为主观的动机道德教育的核心问题

为了确保学习者在恰当的位置有正确思考的原则，纯粹实践理性的方法论重在道德人格的培养，特别是将道德洞察力提升为主动意识和判断的问题。康德提出道德教育和道德练习的教学方法的最普遍的准则，他所考察的这种方式在于仅仅通过义务的纯粹表象就使纯粹理性的客观上的法则成为主观上实践的那个唯一方法，也就是说，这是建立和培养真正的道德意向的方法。必要的教学就是一种方式，这种方式"能够使纯粹理性的法则进入"学习者的"心灵，并影响其准则，亦即使客观

---

❶ 邓晓芒. 康德论道德教育［J］. 清华大学学报（哲学社会科学版），2019（3）：3.

的实践理性也在主观上成为实践"。❶ 这意味着康德试图阐述教育者如何促进道德法则的内在主观采纳过程，而这道德法则也是学习者在世界上做判断、选择和行动的最高原则。这个过程是发展学生对自己内在的道德能力和判断能力的敬重。因此，它是第一批判中训练和培养学习者及其理性的自我认识过程的深化。为了将道德法则提升到主动意识的层面，在道德上塑造心灵（灵魂），正如康德在第二批判中所说的那样，提出这个问题的唯一方法是在所有值得赞扬的行动中找出义务的法则，它在颁布命令，而不让事情取决于学习者那些可能让他们的偏好喜欢的心愿，因为只有这样才能胜任稳定的和精确规定了的原理。一旦激起道德洞察力的这种主动意识，法则本身就会对学习者的心灵产生一种教育的和塑造性的影响。如果一个人合法地使用法律，那么，法律有利于精神修养（教化）。康德使用法律隐喻，将理性描述为一个法庭，一位立法者。此外，立法者也承担着教师身份。亚里士多德通过将法律作为整个国家公民的教育工具，结束了《尼各马可伦理学》。早在西塞罗的《论友谊》中，卡托被明确地认为是卓越的智者。希腊人一直认为立法是一位神圣人的至高智慧的工作。因此，柏拉图共和国最高的哲学的美德，即智慧的索菲亚，最终体现在法律的颁布上，并且这是在共同体生活中如此富有成效的工作方式。哲学家成为立法者，几乎在所有方面，哲学家都像古希腊的伟大立法者。这就是立法者是教师原型的概念。

---

❶ 康德. 实践理性批判［M］// 李秋零. 康德著作全集：第 5 卷. 北京：中国人民大学出版社，2005：158.

从这个角度来看，康德在某种程度上将立法者内化为学习者内在的实践理性的教育者。学习者作为主体，本身也是一位立法者，自我立法是理性的职能。康德进一步提出，理性的立法原则具有明确具体的政治现实意义，即作为公民社会的基本原则，而公民社会又在其公民道德人格品质的形成中具有根本的教育作用。有利于发展人类所有禀赋的最有利环境是"一种完全公正的公民宪政"，在这种公民社会的治理下，"所有人类存在于人性中的萌芽能够发展，并且人类的使命"也"可能在地球上得以实现"。❶ 康德在《实践理性批判》中所概述的教育的重点是使内在立法者在人之所以为人、人作为理智的存在以及在人的整个生活方面发挥有效作用。

二、预备性教育破除阻力

在康德看来，道德教育本身是可能的，其可能性就存在于人性之中，教育者可以通过剖析一个纯粹的德行榜样，即使这样的对象完全是教育者主观上构想出来的，而它们在客观上或许压根不可能存在（思想实验），但是这种教学依然会对学习者的内心有极大的震撼力，这种力量能够促成行动的合法性，而且由于这种合法性并非出于外在力量的逼迫，而是由于学习者通过内在力量自己促成的，所以"这其实并非仅仅是合法

---

❶ 康德. 关于一种世界公民观点的普遍历史的理念［M］// 李秋零. 康德著作全集：第 8 卷. 北京：中国人民大学出版社，2010：29.

性"的，"也是道德性"的。❶ 也就是说，康德在这里所叙述的操作性假设是人的本性的性状，对纯粹德性的那种描述即便在主观上也都会对学习者的心灵拥有更多的力量，并能够提供一种强有力的动机，不仅自己造就行动的合法性，而且产生出一些更有力的、出自对法则的敬重把法则置于任何别的考虑之前的决断，而不是通过诉诸诱惑或者还有痛苦和灾祸在某个时候所可能造成的一切威胁所能产生的东西。不过，如果要将尚未受过教育的（尚无教养的）或粗野化的心灵首次带到道德上的善的轨道上来，可能需要一些预备性的训练（或指导），通过他自己的好处来引诱这心灵，或以害处来恐吓它，但是，一旦这种机制起到了一些作用，这种机械手段也必须尽快被纯粹的道德动因所取代，从而将后者绝对必须被带给灵魂。因为，只有这样"才能建立起来一种人格（依据不变的准则，在实践上一以贯之的思维方式）"，并教导学习者体验到自己的尊严。❷也就是说，这种预备性的训练或训导，只是一种使未受教化的学习者或者野蛮人进入道德的便捷性法门，而这些恩威并施也好，威逼利诱也罢，仅仅是为了驯服学习者身上的动物性，以此预防它们干扰他们对道德法则的接受，从而树立起一种前后一贯的行动准则或思维方式，而这种思维方式是一种定力，而且还有一种力量就是让人感到自己的尊严。在康德看来，他所处时代的道德教育者都在试图用"温存的、心肠软的情感或者

---

❶ 邓晓芒. 康德论道德教育［J］. 清华大学学报（哲学社会科学版），2019（3）：4.

❷ 康德. 实践理性批判［M］// 李秋零. 康德著作全集：第 5 卷. 北京：中国人民大学出版社，2005：159.

雄心勃勃的、头脑膨胀的"❶情感，使学习者心灵萎缩，而不是使他们的心灵强健，这些描述都说明了他对浪漫式主人公实例或榜样的拒绝和反对。有学者认为，康德对于榜样的态度是要打破善意的谎言，不主张用虚假榜样来进行道德教育，尤其反对塑造一个无瑕疵的完人的形象，但是，这并不代表康德完全抛弃了榜样作为道德教育的预备性教育的作用。由此可见，康德的道德教育摒弃了在他之前的哲学家们所关注的培养学习者心灵的情感品质，转而从理性的角度诠释道德教育的真正内涵，坚持凭借理性的力量建立起并没有杂糅任何感性成分的、纯粹的道德。❷但是，这并不代表康德不注重世俗世界中道德的实施。此外，在康德的论述中，尤其是在人类学讲座中所阐述的准则，大部分是很平凡的，而且是学习者从共同体成员身上或者书本中获得的，并被作为学习者行事的准则或者普遍指导方针，更为重要的是这些准则教导学习者成为理性的存在者，或者成为一个有能力以普遍原则引导自己行为的人，而不是成为受一时冲动主宰的人。康德将人类描述为生性野蛮，因为他们拥有禀赋（偏好、倾向、能力），如果他们没有通过艺术被驯服或者被约束的话，他们只知道任其自然，肆意妄为。但他在《实用人类学》中的讨论表明，野性并不简单地等同于非理性，即动物的本性。相反，正是由于任性中存在着理性的自由概念，在缺乏训练（纪律）的情况下，它产生了一种合理

---

❶ 康德. 实践理性批判 [M] // 李秋零. 康德著作全集：第 5 卷. 北京：中国人民大学出版社，2005：164.

❷ 刘同舫. 康德道德教育观及其对现时道德教育困境的开解 [J]. 教育研究，2014（4）：77.

的（合乎情理）的外部自由概念，从而表现出扩大促进自身利益的倾向，也就是说，所有学习者都有倾向于扮演主人而不尊重他人的权利的任意（自由）。这种不守规矩的行为必须首先得到控制，然后才能进行适当的道德教育。假如学习者的身体内部出现了炎症，并伴随着持续性的发烧和肿胀等临床表现，那么，要治疗这种疾病，必须首先减少发烧和肿胀的症状，然后才能采用积极的医疗程序来治愈疾病的根本性起因。这也是康德主张预备性教导的原因所在。由此可见，准则在康德那里并不是仅凭学习者自己的推理便能够产生的，因为，在他那里，准则首先是公共的讨论主题，而非私人的原理。这就需要进一步关注康德对于公民社会的论述，关注在共同体中生活的学习者如何通过共通感进行沟通和交流的。这也是康德借以培养判断力的基础。也可以说，学习者的动机并非私人的或者感性的，虽然一切动机都被康德称为主观的，而且也只有作为有生命的、受到感性影响的存在者才拥有的主观规定根据，因此这与"客观法则必须成为动机并不矛盾，尽管其作为动机的身份是主观的"❶。因此，从主观上来讲，道德法则本身也是道德动机的真正来源，当然这也是一种大家所熟悉的康德式的准则，但较少关注的是审美维度及审美在其中的作用。

---

❶ 刘易斯·贝克.《实践理性批判》通释 [M]. 黄涛，译. 上海：华东师范大学出版社，2010：267-269.

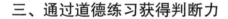

三、通过道德练习获得判断力

那么要解决的主要问题恰恰是理性，特别是道德法则，如何成为学习者自己主观的动机？在这里涉及康德的先验的定义，这对于理解人的感性本性，从而理解为何道德律是客观的，却能成为主观的动机这一道德教育至关重要的问题。因此，在《实践理性批判》的最后部分，康德对培养道德判断力的过程进行了讨论。

培养道德判断力的第一步是通过练习来获得判断力，这些练习使接受道德教育的学习者感受到他们自己的认知能力。这些练习需要学习者反思道德行为的榜样，培养学习者辨别什么是属于人类的需要以及什么是属于人类的权利内容的能力；通过练习，来培养评判该行为是主观上出于道德法则的意向的道德性，还是客观上符合道德法则的道德正确性（合法性）行为的能力。当然，康德看到，法则本身如何成为直接规定意识的基础问题，与自由意志如何可能的问题一样，两者都是人类理性无法解决的问题。在《实践理性批判》中，康德指出，他所秉承的方法论旨在教导学习者如何将纯粹实践理性的法则植入他们自己的心灵，并逐渐影响他们行为的准则，简言之，就是教导学习者将"客观的实践理性"转化为他们自己"在主观上能够实践的那种方式"。❶ 这是因为，人性中存在能够接受道

---

❶　康德. 实践理性批判［M］// 李秋零. 康德著作全集：第 5 卷. 北京：中国人民大学出版社，2005：151.

德教育的基础，即通过学习者能从主观上描述出德行榜样的合法则性或道德性，这比娱乐的哄骗许诺他们的幸福的诱惑，以及比痛苦和灾难所造成的内心恐惧对他们而言，更具有道德教育的威力。这就是人类的本性性状，是学习者之所以能够接受道德教育的基础，也是道德教育得以成为可能的根本原因。不过，如果人的本性不是这种性状，那么，即使在主观上，纯粹的德性表象甚至比诉诸幸福，或者诉诸痛苦和烦恼的威胁对学习者的心灵拥有更多的力量，然而就是没有办法造就出意向的道德。康德认为，只有哲学才能使这个问题的决断成为可疑的，这是因为在学习者普通的理性中，并不是依据普遍公式来对道德案例进行剖析，而依据混有众多感性因素的理性来进行判断，这也是他们在世俗世界日常生活中的判断习惯，因此借助习惯来评判，早已经仿佛是左右手之间的区别一样。

总而言之，在完成第一步的练习之后，就应该提升到第二步，也就是使学习者的这些评判通过决疑论而达到哲学层面。换言之，优秀的道德教育需要教导学习者善于使用哲学思维，结合道德行为案例对他们自己的道德评判进行反复思索和质问，从而使他们对这些案例的判断越发精良深刻，以此促使他们的判断升华到"康德本人所推崇的纯粹实践理性的道德形而上学层次"❶。康德在《道德形而上学奠基》中指出，善的意志的概念，是自然的健康人类知性所固有的，故而不须教导，只

---

❶ 邓晓芒. 康德论道德教育［J］. 清华大学学报（哲学社会科学版），2019（3）：7.

需要把它解释清楚就够了。❶ 在教育学讲座中，康德将道德教育描述为奠基于学习者"应当自己认出的（觉悟到的）原理之上"，从而"达成人格性的教育，是一个自由行动的存在者的教育"。❷

纯粹德性的呈现确实涉及历史悠久的道德教育的方法，例如使用榜样。正是通过对这些传统方法的分析和批判，康德将注意力转向了他的第二批判。如果苏格拉底式的教师运用得当，其效果就是把学习者培养成能够进行自我教育的教育者或立法者，换言之，让道德法则进入心灵是为了建立学生主体与内在教师之间的关系。最终，如果人心被加强而不仅仅是暂时的刺激，准则、原理不能建立在日常经验和习惯之上，而必须建立在概念上，如果依据前者来建立就只能造成一些暂时冲动。康德在方法论中对这一过程的描述始于闲谈艺术，这是一种对话艺术，是一种为生活而进行的思维训练或心灵训练。学习者只是喜欢将辩论作为一种消遣形式，这种消遣形式比讲故事或戏谑更持久。此外，正因为学习者作为经验性的存在者，而在感性中有学习者根本无法逃脱的被动性，而这也成为共同体成员评判"它的一切弊端的原因"❸。在康德看来，这项活动表现出了理性倾向，也就是说，在学习者的自然禀赋中有一种

---

❶ 康德. 道德形而上学奠基［M］// 李秋零. 康德著作全集：第 4 卷. 北京：中国人民大学出版社，2005：403.

❷ 康德. 教育学［M］// 李秋零. 康德著作全集：第 9 卷. 北京：中国人民大学出版社，2010：455.

❸ 康德. 实用人类学［M］// 李秋零. 康德著作全集：第 7 卷. 北京：中国人民大学出版社，2008：136–137.

倾向，即很愿意对摆在自己面前的实践问题品头论足、点评一番，从而作出最精细的评判。教育者应该利用这种倾向。判断力是必须培养的核心素养，正如康德在包括《纯粹理性批判》等几乎每一个文本中所强调的那些特殊才能，既不能被灌输，也不能通过教导获得，只能被运用。在教学进行得当的情况下，学习者会享受他们这种洞察能力和鉴别能力的练习，这种享受是促使道德法则进入心灵的另一个组成部分。也就是说，道德判断力的培养过程中，需要给学习者提供一些激起内心波澜的素材，使得心灵和精神同时和官能一起高兴起来。康德用自然主义者在调查过程中使用的类比来说明由此产生的好处，实际上是对最初经历的反感态度的转变。如果后者被证明能够揭示合目的性，那么学习者就从他所探究的对象中最终找到愉快的享受。在这里康德的先验概念就被引入了。正如康德所说，生命概念可以看作一种能力，也就是存在者依据他自身的欲求能力或目的活动的法则去行动的能力，而欲求能力则是存在者凭借他自身目的的表象，从而依据表象的原因性，将目的的对象实现出来的能力。因此，欲求能力也是实践能力。那么，愉快则是某一对象或某一行动同学习者"生命的主观条件相符合的表象"，而欲求能力就是"生命的主观条件"，这种能力也含有一种"自由意志的道德能力"。❶ 因此作为有生命的存在者，学习者受到欲求的影响，并且对愉快感到敏感，这是一个经验事实，而且当欲求被给予经验性的内容时（比如

---

❶ 康德. 实践理性批判［M］// 李秋零. 康德著作全集：第 5 卷. 北京：中国人民大学出版社，2005：10.

饥、渴等），愉快和欲求间的关系就是被经验性地界定的。虽然欲求能力被康德分为低级欲求能力和高级欲求能力，但是这里所需要的是后者，而且高级欲求能力并不是某种经验性的主观需要，只有间接地使欲求对象成功地实现，它才产生愉快。这种高级欲求能力的对象唯有通过纯粹理性的表象才能产生，也就是说，其对象并非质料性的考察的对象，而是必须凭借法则而形式考察的对象，而且它之所以产生愉快的感觉只是因为它与法则相一致，或者是凭借法则而生成。这样一来，只有通过理性才能展示这种法则，而且理性本身就是一种高级欲求能力，更为重要的是，其先天原则就是一种合目的性，是针对一切实际的目的活动的命令。正是这样，学习者才乐意以这样的评判来自娱。这种因素也与巴泽多（Basedow）的基本教学原则保持了一致，即学习不应太艰苦，而是尽可能多地通过实践来实现，最好是在游戏中来学习。康德本人的教育方式也同样丰富而且诙谐幽默。在林克编著的《论教育学》中，康德一再声明，"教育是一门艺术"。康德非常重视游戏的价值，包括"球类、陀螺、风筝和早在古希腊时代就已经盛行的捉迷藏以及体育锻炼等，他无不通晓，并深知它们在学习者教育中的作用"❶。在《1765—1766年冬季学期课程安排的通告》中，康德"与卢梭一道回归自然，与休谟一道回归经验，以便更加深入自然和经验。正式的课程教学也能够并且必须变得简单和

---

❶　卡尔·福尔伦德. 康德传：康德的生平与事业［M］. 曹俊峰，译. 天津：天津教育出版社，2015：217.

自然"❶。

为了必要的内在变化，为了道德意向的变化和思维方式的变化，必须培养道德判断力。第一阶段就是通过练习来培养判断力，让学习者感受到自己的认知能力。也就是说，他们意识到并学会享受超越自然本能的理性能力的扩展，从而开始认识和欣赏他们自己内在的自由根基，这最初是在合目的判断中实现的。目标是使学习者能够自觉地意识到他们自身的法则，使所有感性的动机，如自矜或自爱都从属于义务的神圣性，而且使学习者认识到他们之所以能如此行动，仅仅因为他们应当这样做，他们的实践理性规定或命令他们应该做什么和不应该做什么，这也进一步使学习者明白法则作为一种动机是与作为一种控制感性的能力的动机不可分割的，从而超越自矜、自爱，萌生了谦卑的品质，并在内心植入了纯粹的道德兴趣。

康德在《道德形而上学》的德性论的形而上学初始根据中也描述了导致这种兴趣的过程，以及熟练地将道德洞察力的准则应用于世界上的情况。他注意到，由于不完全的义务，伦理学必定产生了一些需要判断力去澄清的问题，也就是说，需要判断力确定在不同的具体情境中应当如何应用某个准则，而且需要判断力进一步为先前使用的准则提供一个从属的准则，也就是持续地追问，在新的情境中依据什么样的原则来运用先前在别的情境中使用过的准则。如此一来，伦理学就陷入了一种决疑论，康德还建议在采用问答式的道德教育方法时引入这

---

❶ 卡尔·福尔伦德. 康德传：康德的生平与事业 [M]. 曹俊峰，译. 天津：天津教育出版社，2015：156.

种决疑论的问题。康德认为，这样一种培养理性的方法，"最适合于仍未受过教育"的学习者，以培养他们"使用理性的能力"。❶ 在这一过程的顶点，学习者开始感受到他们自己的尊严和价值，并在他们的理智本性的独立性和他们视为自己的使命的崇高思想中，为他们在明智的附属物方面的牺牲找到补偿。义务法则依靠着学习者在按照它们行事时让学生自身所感到的那种积极性的影响和价值，依据在学习者的自由意识中所产生的对他们自己的敬重，由此寻找到了进入学习者心灵的途径，并对学习者自身的准则产生影响。康德强调，事实上，当"这种敬重被建立起来"的时候，这甚至是最好的可以"防止不高尚和腐败冲动入侵"学习者内心的"唯一守卫者"，❷ 也就是防止腐蚀他们自由意志的守卫者。这一成就实现了康德在《实践理性批判》前期所确定的所有道德教育的真正目的，即与促使学习者的行为出于义务而不是合乎义务之间保持了一致性，而后者只是追求行为的正确性（仅仅按照令人愉快的感觉来行动）。

四、美与崇高深化道德练习，培养道德判断力

道德人格的教育及其过程的目的不仅涉及学习者辨别能力或判断力的磨炼，而且在教学方式中也暗示了一种情感的、审

---

❶ 康德. 道德形而上学 [M] // 李秋零. 康德著作全集：第 6 卷. 北京：中国人民大学出版社，2007：494.

❷ 康德. 实践理性批判 [M] // 李秋零. 康德著作全集：第 5 卷. 北京：中国人民大学出版社，2008：169.

美的反应。不过，教育者对于榜样或者实例的利用并不是模仿而是追随，借此形成学习者自己的思维方式和思想行为模式。康德在《道德形而上学》中提出，不能将幸福当作大自然赋予理性的终极目的，并提出理性的终极目的，或者理性的真正的使命是导向德福一致的至善。在《判断力批判》中将道德目的论引入对自然目的论的分析。这些都说明了，从目的论的视角实施道德教育可能是唯一的途径，因此，这需要使用学习者的理性认识审视整个自然目的，从而激发学习者在这方面的喜好和兴趣。这就使判断力练习的两个阶段分别与美和崇高结合在一起。这意味着，要使学习者感受到他们的认知能力有扩展的运用，以此影响他们所有的沉思，并进一步使他们找到具有讨人喜欢的特质的对象。

在康德看来，虽然学习者的判断力使他们可以"感受到他们自己的认识能力的工作"只是使他们自己乐意利用这种评判来自娱自乐，而并不是对"行动和道德本身的兴趣"，但是这种形式却给"德行和依据道德法则的思维方式"授予了"美的形式"，这让人赞叹，而且产生了"在共同体中能传达的愉悦"。❶康德在这里的论述，已经具有《判断力批判》中所阐释的美是德性的象征的意蕴，而且初步展示了美的鉴赏是诸认识能力的自由协调活动的思想。康德在其他地方也使用了学习者认知能力的扩展运用这样的表述，也就是说，学习者已经意识到的，并已经学会享受的是他们的理性能力超越自然本能的扩

---

❶ 康德. 实践理性批判［M］// 李秋零. 康德著作全集：第5卷. 北京：中国人民大学出版社，2008：217–218.

展运用。正如康德早在《1765—1766 年冬季学期课程安排的通告》中所说的那样，假如教育者"不是扩展被托付的学习者的知性能力，培养他们形成将来更为成熟的独立的认识，而是用一种假托已经完成的、由别人为他想好了的世俗智慧来欺骗他们"，并借此生产出"一种只能在某个位置上和某些人中间才被当真，而在其他所有地方都声名狼藉的幻象，那就是在滥用公共事业（教育）的信任"。❶ 简而言之，学习者已经开始认识并且开始欣赏他们自己内在的自由根基，这里在评判或者判断中实现的就是他们自己的目的。

康德在《道德形而上学》中提出，学习者自己的完善就是他自己义务的目的。因为这种扩展运用允许理性只在事物的审美秩序中，才可以与他自己先天地依据法则规定应当做什么的实践协调一致，从而产生愉快。康德在这里的观点让人想起在批判哲学所提出的问题，即学习者作为理性思考的存在者，关心的是能够找到他们能够行使权利的领域，因为事实上只有在限定的领域内他们才能成功地运用他们的权利。也只有这样一种权责统一的情境下，才能发挥诸认识能力的职能，实现它们之间的和谐，这才有快乐。道德判断的训练，也就是世俗世界中行动的实例作出道德判断或者评判，实际上开辟了一个与理性可能在该领域内发现的与世界相关的运作领域。因此，在上述学习者获得判断力的阶段中，德行和按照道德律的思维方式具有了美的形式，在这个开始阶段中，这种美的形式使学习者

---

❶ 康德. 1765—1766 年冬季学期课程安排的通告 [M]// 李秋零. 康德著作全集：第 2 卷. 北京：中国人民大学出版社，2003：310.

感到赞叹（惊赞），因为他们可以欣赏它的合目的性，虽然它还没有成为他们为自己寻求的东西，也就是使合目的变得有目的。然而，学习者对这种美的形式的沉思在主观上引起了他们对自己"诸表象能力的和谐的意识"，并且在这种和谐中，学习者感觉到了他们的"全部认识能力也得到了加强"，因此，这种美的形式也使学习者感到高兴，反过来，这也是"能传达给别人的愉悦"。❶ 这就是康德在第三批判中提出的诸认识能力的和谐，也就是审美鉴赏，美可以理解为知性和想象力之间的和谐；而崇高便是理性和想象力之间的一致性。康德在这里的论述清楚地表明，在他将道德教育本身理解为道德判断的培养中，道德判断的培养以及思维方式的审美属性必须而且自然而然地与学习者认知判断力的培养结合起来。

"第二种练习"的目的是让道德学习者从对人格或道德上好（善）的思维方式的无利害的反思中获得更深层的进步，即在一个无利害的、从容（无紧迫感）的反思中，这种哲学层面的思维方式在世界上得到扩展，以达到这种善的状态，尤其是要达到在学习者自身中实现这种人格。康德在 1793 年再次确认，对向善的禀赋（能力）所进行的深入的培养是凭借向学习者提供善的榜样，并要求学习者"从自己的行动的真实动机出发"，来"判断某些准则的不纯洁性"，从而最终导致向善的禀赋，并慢慢地形成一种持续性的"思维方式"。❷

❶ 康德. 实践理性批判 [M] // 李秋零. 康德著作全集：第 5 卷. 北京：中国人民大学出版社，2008：217–218.
❷ 康德. 纯然理性界限内的宗教 [M] // 李秋零. 康德著作全集：第 6 卷. 北京：中国人民大学出版社，2007：48.

　　促使学习者内心自由的第二阶段的练习伴随着崇高的两个阶段的体验。第二种练习也就是通过使用实例来生动地描述道德意向时使学习者注意到意志的纯洁性，学习者的自由的意识现在也从偏好的重负中摆脱出来了，而且这种自我满足感状态被强烈地维持着。事实上，这种展现出纯粹道德决定的榜样向它们的目击者揭示出了他们自己以前都完全不知道的、内心的自由的能力。起初，否认偏好作为规定根据会引起最初的痛苦的感觉，但与此同时，最终会使学习者从与他们自身的需求相关的、把他从纠缠其中的那些各种各样的不满足中解放出来。因此，学习者内心的情绪变得对来自另外源泉的满足感易于接受。学习者内部的双重运动与崇高的情感相似，起初是痛苦的感觉，随后凭借学习者对自己内心的审察，克服他们的虚荣和自私之心，接着便有了从认识到灵魂的提升，意识到他们拥有了以道德法则为基础的，不依赖于自然偏好和偶然情境之上的独立性意识，同时也具有了一种心安理得、问心无愧的可能性意识，这样的可能性即便不是道德的目的也必然是对学习者处处有益的，而这种积极性的影响就是使学习者产生了对自己的敬重，使道德和义务法则进入了学习者的自由意识。❶

　　打个比方来说，通过道德判断练习进行的培养，为法则的具体原象准备了肥沃的土壤，使它得以生根发芽，并且成长至枝繁叶茂，培养既涉及学习者的情感反应，也增强了他们的

---

❶　康德. 实践理性批判［M］// 李秋零. 康德著作全集：第 5 卷. 北京：中国人民大学出版社，2005：218-219.

辨别能力和判断力。康德在《判断力批判》中发展了这一观点，即学习者有能力获得智性的愉悦。智性愉悦的对象就是以其强力在他们心中施加于一切的道德法则和审美判断，并且智性的、本身自在的合目的的（道德的）善在审美判断上来说就是崇高。教师在整个过程中必须防范的是，遵守义务并不是建立在对当事人或者他人产生的好处或者害处的基础上，这会使整个事件降低为纯然实用的规定或处方。此外，康德在《什么是启蒙？》中所反对的那种规则遵循，即"章程和公式，这些理性地运用或者毋宁说误用其天赋的机械性工具，是一种持续的受监护状态的脚镣"❶，将有效地完全避开人格的形成。在亚里士多德看来，离开了德性就不可能造就明智的品质，恰好说明了这一点。在康德看来，聪明就是学习者能够很快将自己为自己所设定的目的实现的能力。当所预定的目的是高尚时，聪明就是值得赞誉的明智，因此人们常说聪明的人是明智的。这种聪明通常也被称为大智慧。而当既定目的是卑贱时，聪明就是狡猾，因此大家也会将狡猾当作带有贬义的词汇。这种聪明也会被大家戏称为小聪明。这也符合亚里士多德的观点，"能力并非明智，虽然明智并不能离开能力。但是心灵离开了德性就不太可能获得明智的品质"，而且"最大善只对于好人才显得善。恶会扭曲实践的始点或是在始点上造成假象。因此，不做个好人就不可能有明智"。❷康德认为，当代的中心问题，就

---

❶ 康德. 什么是启蒙？[M]// 李秋零. 康德著作全集：第8卷. 北京：中国人民大学出版社，2010：40.

❷ 亚里士多德. 尼各马可伦理学 [M]. 廖申白，译. 北京：商务印书馆，2003：187–188.

是通过现代决策理论，判断力已经被简化为仅仅是应用规则的问题了，而当务之急就是恢复实践理性，并将实践哲学与教育科学相结合。因此，这种否定性的表现，即义务法则颁布的命令，是唯一在道德上塑造灵魂（心灵）的阐述方式。

康德在《实践理性批判》中的结论是，主观实践形式的道德法则，作为真正的动机，它源于纯粹的实践理性，让学习者发觉或者更确切地说是获得感觉，觉察到、感觉到或品味他们自己的超感性实存的崇高性。[1] 道德和审美判断之间的内在联系根植于自身的概念，康德对于人格形成的描述便说明了这一点，精确地判断什么属于人类的权利和尊重至高无上的义务形成一个人的人格。康德在《实用人类学》中的论述具有重要意义，品味、洞察力和智慧源于同一个根源。在人类学讲座中，他提出了一个问题，即这种现象是如何产生的，"现代语言，大都使用只是表示着某个感觉器官及其对可享用物的辨别和选择的表述来表示审美评判能力，这究竟是怎么样发生的？"[2] 换言之，凭借感官来审察某种东西是不是同一个主体的享受对象的熟巧，甚至被提升来为智慧命名；这可能是因为某个不可或缺的目的不需要思量和尝试，而是径直地通过鉴赏有益的东西便可以进入学习者的灵魂（或心灵，或精神）。因此，它被灵魂所吸收，也就是说，学习者的主观反应能力、思维方式、选择能力，以及思维能力已经通过前面所描述的教学阶段被学习

---

❶ 康德. 实践理性批判 [M] // 李秋零. 康德著作全集：第 5 卷. 北京：中国人民大学出版社，2005：94.

❷ 康德. 实用人类学 [M] // 李秋零. 康德著作全集：第 7 卷. 北京：中国人民大学出版社，2008：236.

者所吸收了。在智慧就是作为理性的合法则的和完善的实践运用的理念已经实现的地方，法则的品味也同时被培养到完善性的水平了。这么说就是在审美上表达以坚定的决心采纳道德法则，将其直接同化为一种持久的、至高无上的选择准则。此外，鉴赏从根本上与人类的道德使命联系在一起，正如从本质上讲鉴赏就是"道德理念的感性化的判断能力"所暗示的一样，这就需要将发展道德理念和培养道德情感作为建立鉴赏的真正入门。

康德同时将人类受法则训练（训诫）而不是通过武力训练的能力称为崇高的才能。在那里，他还把罪恶（恶习）和丑陋联系在一起。康德认为，在面部或体态上的不成比例都不能被认为是丑陋的，脸上必须存在一些与道德相矛盾的东西，即欺诈、恶意、怨恨、固执或不服从、粗鲁，这才是丑陋的。换言之，社会已经把人类及其罪行标示为丑的和恶的，丑陋是自然而然让学习者厌恶的东西，而美是他们喜欢的东西。崇高唤起他们对自己更高的使命的尊重，这种崇高的情感在人性中有它的基础，也就是对于(实践)理念的情感，也是道德情感的禀赋。因此，康德对道德培养的完整描述包括一个关于审美在实现自由的目的以及在心灵中获得道德法则方面起到支持性作用的想象力。关于审美的这种支持性作用的论述在第三批判中得到了进一步的深化。

第二节 苏格拉底式的教学方法：培养道德判断的习惯

在学习过程中，学习者喜欢进行洞察和评判的练习，对康德来说，这种学习过程与人类闲谈的内在特征有关，甚至在日常对话中也表现了出来。康德的叙述和随后推荐的教学方法包括巴泽多教育的元素，例如，强调实践，从学生已经做的事情以及参与某种游戏开始，等等。教育者可以很容易地发现学习者喜欢说闲话（争辩）；作为一种消遣形式，它比故事（很快就不再是新闻，因此失去兴趣），或开玩笑的戏谑（很快就会变味）长久得多。特别是以确定某个行为的道德内涵的好坏为对象，来评价某人人格（品质或性格）问题时，即使是那些在日常生活中缺乏教养，对理论问题毫无兴趣的学习者，也会被吸引而迅速加入讨论之中并开始变得严格起来，而且能够以与他们平日里不相匹配的精细和玄妙来对他人的"道德意图"以及"意图的纯洁性"加以"贬义和质疑"。❶ 对于康德来说，这种活动表现出一种理性的倾向，学习者都乐意去对摆在自己面前的实践问题作出最为精细的鉴赏，因此教育者应该有效地利用这一活动。

---

❶ 康德. 实践理性批判［M］// 李秋零. 康德著作全集：第 5 卷. 北京：中国人民大学出版社，2005：160.

一、闲谈与对话可以培养道德洞察力

鉴于闲谈或对话在具体行为中的作用，康德理所当然地将其运用到教学中。通过日常闲谈中表达的判断，学习者可以在对他人作判断时，进一步看出参与者自己的人格（品格）。而且，这项活动是学习者与其他人沟通的途径。也就是说，这是一种社交活动，即使它并非总是在社交活动中进行。正如康德在他的《实用人类学》中所说的那样，"对自己本人或者自己的艺术的一切带有鉴赏的展示，都以一种社会状态（相互传达）为前提条件，这种状态并不总是好交际的（参与别人的愉快），而是开始时通常野蛮的、不好交际的和纯然竞争性的"。❶而且在这种传递中，参与者以自己或者他人作为谈论的资源。

在社交方面，自我的呈现仍然与自我的发展密不可分。在社交中，甚至努力让自己看起来比实际更好，表现出他们不具备的准则（或意向），这被描述为使学习者脱离野蛮状态的临时性的手段或权宜之计，但至少是一种善良风格或善的风度。当然，从长远来看，这种虚妄的状态阻碍了道德上的善良的意念（意向）的道德教化（培养），而真诚（诚实）是培养人格中一种不可或缺的准则。正如福尔伦德所作的评价，即"除了顺从听话之外，首先要使学习者习惯于诚实，因为在形成人格

---

❶ 康德. 实用人类学［M］// 李秋零. 康德著作全集：第 7 卷. 北京：中国人民大学出版社，2008：234–235.

（性格）方面这是第一位的"❶。库恩也表达了同样的观点："与品格的判断有最直接且最深刻的关联的准则，就是真诚。"❷在第二批判中，自我、人格的呈现，被描绘成一个初步的非反思的，甚至无意识的层面，可以称之为简单的、自然的自我展示（比如一个人也会因为气质而得到满足）。将理性的自然倾向培养成道德判断还需要进一步的提升，即从这种简单的、自然状态的自我展示转变为有意识的自我表现，而不是现在为了表演而模仿善的准则，而是在真诚的意义上，追随道德上善的示范性实例所具体表现出的思维方式。可以说，学习者除了拥有作为生物适应性的自我表现的冲动之外，在行动和语言中，还能够审慎地选择哪些东西是适合被看到，而哪些东西又不适合被看到，也就是能够通过行动和语言来特意表现出某些东西，以及有目的地隐藏一些内容，更为特别的是能够选择一种呈现方式。在这个意义上，阿伦特提出，自我表演和自我表现完全不同，前者具有主动性，是有意识选择的行为；后者则没有选择，而只是展现出生物拥有的属性。换言之，主体的自我意识才造就了主体的自我表演，反之亦然。而只要有自我表演就会有假善和伪善。在阿伦特看来，伪善是不可能始终如一地保持前后一致的，这也是区别真伪的恰当方式，"做你想做的人"这句苏格拉底的警示，可以鉴别出伪善者。这就告诉学习者，始终如一地以你打算呈现给他们人的方式展现你自己，真诚地

---

❶ 卡尔·福尔伦德. 康德传：康德生平与事业［M］. 曹俊峰，译. 天津：天津教育出版社，2015：217.

❷ 曼弗雷德·库恩. 康德传［M］. 黄添盛，译. 上海：上海人民出版社，2014：181.

面对自己，你的孤独理应让你看。学习者不仅对他们可能有的品质（人格）作出反应，而且需要在对共同体呈现给他们的各种行动可能性中作出审慎的选择，无论是前者还是后者，都蕴含着他们自己人格的东西。这有助于进一步理解表演与表现、模仿与追随的区别。在这种背景下，取代了与个人发展相关的更广泛的社会背景，将注意力转向利用学习者倾向于评判道德问题的教学过程，值得注意的是，康德建议将（古代和现代）传记作为培养道德判断的课程资源。

一般来说，康德所提出的教育学是苏格拉底式的教育，康德的教育学术语意味着在对学习者施加影响时，只有从一开始就能帮助学习者完全转向自己，教育才能真正产生某种东西。这也说明，学习是一种视角、目光转向的行为，只是从外转向学习者的内部，转向自我认识、自我教育。因为，学习是学习者内在自我改变的过程。总而言之，康德的教育学主张从学习者自身出发，与学习者一起，为了学习者的发展而实施教育。从《道德形而上学奠基》到《实用人类学》，到《德性论的形而上学初始根据》，再到《论教育学》，康德反复强调了这一观点，即教育者只需要像苏格拉底所做的那样和使理性注意自己的原则，他手拿这个罗盘或标准，在任何既定的情况下，都能使学习者"清楚地知道如何分辨什么是善、什么是恶、什么是合乎义务的、什么是违背义务的"❶。一个不可或缺的准备步骤是一部纯粹道德的问答手册，一位作为德性义务的启蒙（教

---

❶ 康德. 道德形而上学奠基［M］// 李秋零. 康德著作全集：第 4 卷. 北京：中国人民大学出版社，2005：411.

学）教师，就"其内容而言，可以从普通的人类理性中开发出来"❶。在《论教育学》中，康德还提到了一种法权问答手册或正义的问答手册，这也是将学习者塑造得正派的教育，这正是促进学习者真诚或正直的教育，这在康德看来是学校几乎无一例外地缺少的。在使用道德的问答手册时，教学模式还不是苏格拉底式的对话，在苏格拉底式的对话教学方式中教师和学习者在这种对话中彼此进行提问和回答；而在使用道德的问答手册的教学中，只有教育者才是提问者，教师向那些还没有学会如何提出问题的学习者发问。尽管答案是从学习者的理性中诱导而出，依然要以确定的、不易改变的、前后一致的语言文字来表述和记忆，这就需要教育者必须相信学习者的记忆，并将此委托给学习者的记忆。因此，在这一点上，康德的整个道德培养过程为巴泽多的教育信条提供了例证。在寻求传授知识之前，必须始终考虑他们是否已经准备好对某些特定知识的理解，榜样、品味或鉴赏、训练必须始终在理论出现之前进行；这样，理论就变成了一种手段，通过这种手段，已经学习的东西现在可以有序地重复、保留和扩展。这也是第一批判所要解决的先天综合判断何以可能的问题。比如学习者在时空中，根据一个等边三角形的概念来构造或画出一个等边三角形的过程，从而通过这种综合活动认识了等边三角形三个角也是相等的新属性，而这个新属性是仅仅通过分析等边三角形的概念不能得出的属性，还需要他们付诸实践。

---

❶ 康德. 道德形而上学［M］// 李秋零. 康德著作全集：第 6 卷. 北京：中国人民大学出版社，2007：489.

　　简而言之，方法论旨在唤醒、澄清和阐明学习者自己的洞察力。当然，它的基本假设是，这种洞察力，实际上是（思维）概念，是理性本质所固有的。正如康德在《道德形而上学的奠基》中所提出的那样，善的实践欲求的概念（善的意志的概念）是"已经存在于自然的健康知性之中"，是"不需要被教导，只需要被启蒙"。❶ 但这也是必须借助于教育才能完成。他在《道德形而上学》中重申了这一观点，"苏格拉底式的对话性方法"预先假定"义务概念""已经自然而然地隐藏在学习者的理性中，只需要从中发展出来"。❷ 而且，教师也可以通过提问和诉诸案例研究，进一步发展学习者心中对某些概念的禀赋，从而指引学习者的思想进程，也就是说，教育者是学习者"思想的助产士"。更为重要的是，这里出现了一个教学相长的契机，也就是说，当一部分学习者看到他们有能力思考时，理所当然地会通过反问的方式，促使教育者在处理学习者的反问时，以在教中学的方式来学习他必须如何恰当地提问。在教育生涯中，教育者经常会问："我的课是讲给谁听的？"抑或会问："我们是在给谁上课呢？"也许有人会说："是讲给那些两眼炯炯有神的人听的。"❸ 不过，不能否认在康德的课堂上始终保持两眼炯炯有神，而且必须始终聚精会神确实比较困难。但在康德看来，课既讲给学生听，也在讲给自己听。课堂教学中

---

❶　康德. 道德形而上学的奠基 [M]// 李秋零. 康德著作全集：第4卷. 北京：中国人民大学出版社，2005：403.

❷　康德. 道德形而上学 [M]// 李秋零. 康德著作全集：第6卷. 北京：中国人民大学出版社，2007：424.

❸　康德. 康德书信百封 [M]. 李秋零，译. 上海：上海人民出版社，1992：7.

随时都存在教学相长的契机，康德自己也希望给学习者教授他自己拥有的东西，即有时不知道从哪里产生一种更高尚的兴趣刺激他去设法扩展着狭小的空间，告诫并希望学生能够利用高尚的兴趣来扩展他们自己的生活空间。因此上课不仅要教导学生，而且要使他们振奋起来，同时也振奋着教师自己。这可以看作康德对兴发教学的阐述。这个过程的最终目的，就是使道德学习者意识到自己固有的原始（道德）禀赋——意识到他们固有的自由，意识到它们是不能被剥脱的，并且使学生在这种自由的基础上享受利用这种能力来掌控"一切灾祸、烦恼和生活的苦难"以及"可能击中他的死亡威胁"所带来的他们"在自己的意识中的高贵"感——此时，学习者心中很自然地就会出现如下问题，即学习者内心中"那敢于以自然的一切力量在你里面和你周围投入战斗，并且在它们与你的道德原理发生冲突时战胜它们的东西是什么呢？"❶对于这个问题的回答不能用思辨理性的能力，而需要在问答的道德课程中增加决疑论问题，才能把这个问题植入学习者的心中，如此一来，就连灵魂的这种自我认识中的不可理解性也必定提供一种升华，而且灵魂经历的诱惑磨炼越多，它自身的升华就只会越强烈地激励灵魂去履行学习者自己的义务。

---

❶ 康德. 道德形而上学［M］// 李秋零. 康德著作全集：第 6 卷. 北京：中国人民大学出版社，2007：493.

二、道德勇气能够培养道德执行力

现实的教育告诉我们，即便教育者揭示出学习者拥有的道德洞察力，不过学习者能否意识到他们天生的道德禀赋（能力），依然还存在问题。只是简单地把学生带到这种洞察力中，对他们来说还没有达到康德所说的强烈的道德观，也就是说，拥有真正执行或实施道德上善的选择的勇气和力量，对于学习者来说至关重要。正如他在伦理方法论中所说的那样，只是通过学习者为了适合德性概念而应当如何行事的学说（指导），那么他们并没有获得实施规则的力量。换言之，这就是仅仅借助于在其义务的理论中的练习，这仅仅是询问关于义务概念已经知道的东西，并没有解决实践中实施力量的问题。正是在这一点上，勇敢（精神）的培养必须纳入教学过程。正如康德在他的一些文本中重复提到的那样，"纯粹的道德动因必须被完全带进心灵"。❶ 最终，所需要的就是学习者决心的力量，学习者能控制自身而言，处于人的健全状态，而且这方面的决定必须一下子完全作出，那么德性作为自我控制来表征学习者思维方式的特征就会实现。

有意识的道德洞察力尚未熟练地将其准则应用于世俗环境中。伦理学必定产生了一些需要判断力去澄清的问题，也就是说，需要判断力确定在不同的具体情境中应当如何应用某个准

---

❶ 康德. 实践理性批判［M］// 李秋零. 康德著作全集：第 5 卷. 北京：中国人民大学出版社，2005：158.

则，而且需要判断力进一步为先前使用的准则提供一个从属的准则，也就是持续地追问，在新的情境中依据什么样的原则来运用先前在别的情境中使用过的准则。如此一来，伦理学就陷入了一种决疑论，紧接着康德在伦理要素论中举例说明了这种决疑论。他所建议的这些决疑论问题应该在每一个义务（责任）分析中引入这种问答的道德课程中，并且让共同体中的学习者共同尝试发挥自己的理智，借此考察每位学习者计划如何解决摆在他们面前的棘手任务。康德认为，这种理性的培养方法，最适合教导未受教育者如何使用理性。正因为，学习者的固有本性是喜欢通过自己努力的劳动，将某项东西植入自己心中，所以这种培养（修行或教化）会使学习者的理解力更加敏锐。因此，学习者喜欢的这项工作就是对他们自己能力的培养。在学习者自己的劳动中，学习者"形成了一门科学"，他们也会凭借这些"练习不知不觉地被引入对道德事务的关切之中"。❶

三、塑造思维方式实践道德洞察力

在康德看来，道德教育更重要的是，需要将判断习惯提升至思维方式，培育人格。康德进一步区分了培养一种判断习惯和培养一种哲学思维方式的习惯。在《实践理性批判》中可以找到对所涉及的判断意义的描述，而在《纯粹理性批判》中可

---

❶ 康德. 道德形而上学［M］// 李秋零. 康德著作全集：第 6 卷. 北京：中国人民大学出版社，2007：494.

以找到对这种判断的一般说明，即强调了这种心灵活动与第一次获得洞察力之间的区别。阿伦特对此作了阐述，能够指引我们进一步理解康德的区分。判断特殊事物的能力（正如康德所揭示的），也就是学习者说这是恶的或者这是美的能力与通常所说的思维能力是有区别的。一般而言，判断只是关注特殊事物或眼前事物的能力，而思维则可以审视有关不可见之物和不在场事物的表象。虽然如此，这两种能力也是密切相关的；由思维解放作用所产生的判断，则反过来促使思维在现象世界中的实现。换言之，在繁忙的现象世界中，学习者通过判断来思维。而"思维的表现"是一种"区分对错、分辨美丑、善恶的能力"，而不是知识。❶ 在康德看来，判断力是将某物归摄于既定规律的能力，或者说断定某物是否从属于某个已经存在的规则的能力。判断某个具体的案例是否属于一个普遍的规则，此时，学习者只可能或只是抽象地洞察到这一情况。学习者通过很好的教导能够记住很多规则，以至于他们可以成为传授这些普遍原则的教师，但是在他们尝试着自己去应用它们时，总是会援引失当，以至于处理错误。因此，对于判断力来说，不能通过教学或教导获得，只能借用实例和实践来练习，进而训练判断力。也就是说，教育者凭借实例或范例能够进一步锐化、磨砺学习者的判断力。康德在这里描述了通过教育来培养艺术的一个经典案例，也就是为学习者提供练习和实践，使他们能够熟练运用他们已有的能力。正是通过这种教学艺术使学

---

❶ 汉娜·阿伦特. 精神生活·思维 [M]. 姜志辉，译. 南京：江苏教育出版社，2006：215-216.

习者的判断力得到进一步提升，而且，假如没有这种艺术，再丰富的理论知识以及对深奥知识的洞察力，也不会对学习者的生活产生多大的影响（最好的程度上），或者如果误用了这些理论或者知识（最不理想的程度），那就会带来彻头彻尾的危险。不过，康德在早期也曾提出，所有学习者首先需要的是实用智慧。

　　作为具有道德人格的学习者，积极地将他们的道德洞察力付诸实践，就是在运用一种哲学的思维习惯（这里的哲学就是实践智慧）。当然，这里涉及的习惯意义并不是感官方式的一种机械作用，即教育者通过反复地、持续地满足学习者的一个偏好，从而培养起这个毫无准则的固定的偏好。这也是康德对于亚里士多德习惯感的解读，他拒绝这种习惯感，特别否认它在道德或者道德教育上有用武之地。他所要求的是，促使学习者养成训练与生活行为相关的道德判断的习惯，习惯于实现思想与行为（知与行）之间相互参照、相互促进的统一，达到一切智慧之和。在康德看来，这种将法则内化或主观化为学习者知行合一的习惯化是不可或缺的。用康德自己的话来说，需要使学习者能够习惯于依据道德法则对他自己和其他人的自由行动进行鉴赏和评定，这种训练判断力的行为要持续进行，首先要使学习者能够判断自由行动"是否符合道德法则"，其次还需要使他们能够确定这些行动"符合哪种类型的道德法则"，通过这样不断的、持续性的练习使学习者的鉴赏和判断行为越来越锋利。❶ 为实现这一目标，需要经常练习或实践。教育者需要引入这种游戏化的练习训练，也就是说，可以借用在学习者之间进行道德判断力的比赛游戏，既可以使他们对道德行为榜样的善的或好的行为更加推崇，也能使他们对这些榜样的恶的或坏的行为愈发憎恶，通过不断的、持续的对道德行为进行鉴赏、评判的练习，久而久之会养成一种对自由行为做道德判断的习惯，而这个习惯可以为他们未来过道德的、正直不阿的生活奠定一个良好的基础。

因此，可以说康德所秉持的判断准则对于在共同体中训练道德人格是不可或缺的。不过，准则在康德那里并不是仅凭学生自己的推理便能够产生的，因为，在康德那里，准则首先是公共的讨论主题或具有社会领域的性质，而非私人的原理。康德哲学中准则的根本意义是塑造人格的原则。因为这些是塑造判断活动本身的准则，而这些判断活动本身在世界中表现出人格。对于判断力来说，只有反复练习才能提高使用准则的熟练程度。道德法则当然仍然是至高无上的准则，但是理性运用本身只能在受制于理性自己为自己设立的法则的情况下才能得以实践的。而且康德指出，"所谓天赋机智的特殊才能，其缺乏不是某个学校所能补偿的"❷，但是在共同体的活动中，可以通过实践训练来进行培养，也就是说，在共同体中，每位学习者都必须面对其他人如何思考的问题，因此其他理性的存在

---

❶ 康德. 实践理性批判［M］// 李秋零. 康德著作全集：第 5 卷. 北京：中国人民大学出版社，2005：166–167.

❷ 康德. 纯粹理性批判（第 2 版）［M］// 李秋零. 康德著作全集：第 3 卷. 北京：中国人民大学出版社，2004：126.

者如何做判断的秩序有利于学习者锐化自己的判断力。这种与他人，特别是与他们的同龄人互动的要求，也是卢梭的《爱弥儿》教育学所不具备的，因为卢梭故意让学生被迫离开同龄人，过孤单的生活。这种共同体中的活动可以让参与者相互尝试他们的技巧，不过，在此过程中要求精通者能够保证，一切只是练习。然而，在判断活动中的练习或训练可以将思想转向由思辨理性引发的怀疑，并且，也可以作为反对这些怀疑的堡垒，理性信念的准则所保证的内部信任关系更为重要。没有真诚、诚实或者正直的准则，对于康德来说，根本不能谈论人格。因为它是形式的主观条件，它提供了学习者主体对自我和他人进行道德普遍性判断的工具。也就是说，法则本身就是一种用来服务于主观目的的工具或手段，其实质是对良知保持持续的自我评估的判断习惯，以确保上述准则确实得到充分执行。总而言之，从严格意义上来说，在学习者能够采用决断或坚定的思维方式之前，还不能确切地说他已经具有了人格。

第三节　公民社会的教育功能：塑造人格

康德在《论教育学》中提出了两种不同形式的教育模式，即自下而上的私人教育模式和自上而下的国家教育模式，这两种模式并不存在原则和方向上的冲突，合力构成了教育的完整结构。后一种模式强调国家对于教育的规划、引导和普及的重要性，这就不得不去研究康德在《实践理性批判》中否定，而又在其他文本中给予肯定的公民社会的教育价值。从康德法哲学的观点可以看出，如果没有国家权威、法治、自由和永久和平理念的存在，教育只能是私人的，但人的使命和规定蕴含着学习者的社会性，必然要求进入社会，从而成为国家公民。也正因如此，公民社会必然承担着教育的功能，通过生活在共同体内的学习者之间的交互影响培养公民、塑造人格。

一、公民社会发挥着外部教育机制的价值

理性批判的目的就在于营造一种理性自身能够依据普遍承认的规则，在其中针对重大、有争议的问题进行公开商议和决定的社会状态，这也就是一种公民社会或政治共同体的状态。在这种公民社会中，能够使学习者生活在历史性的、人类共同体的领域内，并通过规训（纪律）和培养促使学习者适应人类世界，同样使学习者能够执行理性目的的任务。在康德那里，培养学习者主观地运用自由以及人格的训练，构成了康德道德的维度，这与共同体之间有根本性的关系。具有社会性的学习者的一项使命是建立、维系与发展公民社会，在公民社会中，学习者之间能自由协调共处。康德反复指出，"人类个性（人格）"的"基本特征"是"成为某一个公民社会的一个成员的必然性"。[1] 公民社会是培养人类禀赋所必需的正式条件。相反，

---

❶ 康德. 实用人类学［M］//李秋零. 康德著作全集：第 7 卷. 北京：中国人民大学出版社，2008：325.

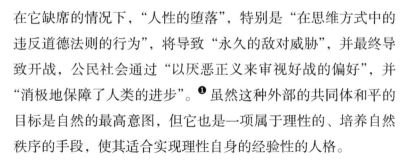

在它缺席的情况下，"人性的堕落"，特别是"在思维方式中的违反道德法则的行为"，将导致"永久的敌对威胁"，并最终导致开战，公民社会通过"以厌恶正义来审视好战的偏好"，并"消极地保障了人类的进步"。❶虽然这种外部的共同体和平的目标是自然的最高意图，但它也是一项属于理性的、培养自然秩序的手段，使其适合实现理性自身的经验性的人格。

在康德看来，不同的社会关系构成了学习者的全部生活，这既包含着个体与个体之间的关系，也同样蕴含着个体与社会、群体与群体的关系。如此，对学习者个体的理性能力的批判和考察，也"意味着对他们的社会能力和社会活动的批判和考察"，同时也是对学习者生活共同体的"政治秩序的一种批判"。❷也就是说，每当讨论涉及主观能力、学习者所拥有的自然能力，通过哪些条件能够将这些普遍原则付诸实践，以及在探讨普遍原则被具体实施的根据时，建立公民社会的呼声就出现了。

康德在《实用人类学》中，不断肯定公民社会的必要性。如果将外部机制理解为一种预备性教育，具有入门性的功能，从这个角度可以理解包含着自然的手段和政治秩序的外部机制与道德培养之间密切相关。外部机制作为一项消极的任务，无论是在资源支出方面还是在法律赋予力量的和平状态的实现方面，训诫（纪律）都为培养清除了障碍，不仅使得形式的道德

❶ 康德. 实用人类学 [M]// 李秋零. 康德著作全集：第 7 卷. 北京：中国人民大学出版社，2008：325.

❷ 吴彦. 法、自由与强制力：康德法哲学导论 [M]. 北京：商务印书馆，2016：85–86.

秩序保持完整，而且通过公民社会，普遍正义的形式原则在历史的人类共同体中也能得到具体体现。公民社会的正义原则就是绝对命令，不以私人的、特殊的幸福和快乐为目的，而以理智之福或公众的福祉为目的，这一原则是个人和共同体行动的指南。从外部缓解疾病症状是构成克服其病因和建立永久性健康的基础，而外在秩序和训诫（纪律）同样构成了塑造道德人格，并最终影响道德健康的基础。公民社会在培养道德判断和塑造道德人格中，也承担了"消炎"的作用及功能。

不过要对康德所提出的公民社会的要求进行全面的分析，需要简要论述康德所设想的政治理论的性质。个人自由的道德理想构成了康德《论永久和平》不可或缺的出发点，并将正义和权利的观念纳入其中，最终提出的是世界和平的正义学说或权利学说。康德在《实用人类学》中明确区分了共和国与民主。也就是说，世人通常所说的并不是无政府状态、专制主义、野蛮状态下的三种国家形式中的某一种（民主制），而是把共和国仅仅理解为一个一般而言的国家，那么"唯有最后一种理性被称为真正的公民宪政"，即"有自由和法律的强制力"的"公民社会"，这种形态的国家并不是建立在"每个人根据自己的私人偏好"所获得的"共同体的感性之福"上，也不会将此作为"国家宪政的至上原则"，而是以理智之福作为其基础，而这种理智之福不仅维系着"既存国家的宪政，又是一个一般而言的公民社会的最高发展；因为这个社会唯有通过那种宪政才存在"。❶ 这种共同体的基本原则恰恰是最重要的普遍正义原则，这是将所有其他原则统一起来的绝对命令。在某种程度上，民主被理解为首先确保追求生命、自由和幸福的物质目标，而没有对值得幸福的价值界限的规定，它寻求建立和平与协议的意识非常强烈，这与公民社会不同。因为，如此解释的民主的首要目标是外在的，它不是为了克服人性中的内在冲突以及努力实现人类的道德使命。它的目标远远超过了康德所描述的人类的审慎或慎重选择的目的。因而，康德不能在不提及道德义务的情况下建立权利体系，也不能无视凭借"政制法度建立起"学习者在"共同体中的行为方式和真实的人格"。❷ 所以，本研究仅仅分析公民社会如何在对学习者的道德培养中发挥教育教学功能，以及这种功能如何与康德的形式道德哲学的道德秩序相协调一致的。

二、通过自由交流塑造学习者的人格

康德在《论永久和平》中提出的公民社会条款与那些和人格相关的准则之间有相同的作用，在学习者基于准则的闲谈或交流中，人格是至关重要的，包括真诚、平等、正义、谦逊等。在这道德和公民共同体中，其他所有要求都是公正的、诚实的、坦率的和真诚的，这是对待自我和他人的真正精神。这

---

❶ 康德. 实用人类学 [M]// 李秋零. 康德著作全集：第 7 卷. 北京：中国人民大学出版社，2008：325-326.

❷ 赵明. 实践理性的政治立法：康德《论永久和平》的法哲学诠释 [M]. 北京：法律出版社，2009：96-138.

种公民宪政既为理性实践受制于自己为自己设立的法则提供了实例和命令，又结合理性实践以及理性实践的训练来反对仅仅是工具的主观原则。此外，它通过提供自由和呼吁其中的学习者积极地训练其思维方式，借以培养人的判断能力。相比之下，将所有资源，也就是共同体的一切力量都用于其虚荣的和残暴的扩展意图上的民族国家，被康德指责不断地阻碍内在地塑造其公民的思维方式的缓慢努力，甚至撤销在这个意图上对它们的一切支持。正如福尔伦德所描述的在战后感到特别惬意的军官们的生活那样，他们渴望一种受到战争中止的精神教育，有一部分军官"感到有在精神上继续接受教育的必要"，因为"残暴的战争中止了他们的教育"。❶ 因此，内在的道德大厦的建设被确认为学习者个人的任务和义务，但所谓的文明国家的生活可以为这种努力带来几乎无法克服的障碍，并且在康德看来，到目前为止情况并没有太大改观，也就是说，通过强力将公民的注意力、努力和精力引向其他地方，这些就包括战争的强力及其带来的公民的苦难。可见，公民社会的功能再次是消极的，也就是说，消除了其他形式的政治组织所存在的障碍。

在这些障碍中，最主要的就是阻碍学习者自由地、公开地交流自己的思想，它们也进一步湮没了正义教师的声音。对于共同体和公民社会来说，公开性至关重要，它是正义原则的前提条件，没有学习者之间的自由交流，便无法做到正义，因

---

❶ 卡尔·福尔伦德. 康德传：康德的生平与事业［M］. 曹俊峰，译. 天津：天津教育出版社，2015：113.

为，所有对正义的要求需要个体能够自由地交流，从而通过学习者之间的自由的互动交流创生着理性的自由。康德在《学科之争》中明确提出了这个问题。"除了应用公开性的道路之外，这件事（由自由的法权教育者来宣示和解释国家的法权）不可能通过其他方法来实现"，这样一来，"对公开性的禁止和阻碍就会妨碍和影响一国公民向着更善的方向进步，哪怕是在涉及其最低要求，以及仅仅涉及其自然法权的事情上"。❶

　　表达与交流的自由是思维自由的条件，如果学习者没有表达，他们的"思维便局限于个人的狭小天地、主体的迷误之中"。❷正如汉娜·阿伦特所说，对于康德而言，如果剥夺了学习者在共同体中"公开交流自己思想的自由的外在权利"，那么，学习者的"思想或思维的自由"也就随之被夺走了，对于共同体中的学习者来说，他们和那些"与之交流思想的学习者，一起共同生活"，换言之，"学习者与共同体中的其他学习者一同思维，学习者把他们自己的思想传递给其他学习者，其他学习者也将自己的思想传递过来"，这是"唯一可以保证"学习者正确思维的途径，唯有在学习者可以"公开地运用"他们理性的情况下才能防止"理性易犯错的倾向，从而保障理性的正确运行"。❸在康德的作品中，阿伦特找到了与她的观察相

---

❶ 康德. 学科之争［M］// 李秋零. 康德著作全集：第 7 卷. 北京：中国人民大学出版社，2008：86–87.

❷ 卡尔·雅思贝尔斯. 大哲学家［M］. 李雪涛，等译. 北京：社会科学文献出版社，2010：479.

❸ 汉娜·阿伦特. 过去与未来之间［M］. 王寅丽，译. 南京：译林出版社，2011：218.

似的共鸣，对于思维来说，如果在专制条件下，人类能力中的思想或思维更易受到伤害，实际上在专制条件下，行动要比思考容易得多。反过来，这一陈述与康德在《论永久和平》中的评论相对应，在这种评论中，他指责从人性中"根除了善的胚芽"并且"削弱一切力量"的"冷酷的独裁制"。❶

在康德看来，必须克服一种暴政形式的偏好。康德的结论是依靠在这些力量之间最活跃的竞争中保持它们之间的平衡。鉴于康德对公民社会与民主之间的区别，托克维尔的论述能够帮助人们看到更大范围的利害关系："因此，思想权威会有所不同，但它绝不会式微"，更为确定的是，"它不但不会消失，而且会很容易地获得更多的优越性，而且会将私人的判断限制在狭窄的范围内"，相对于学习者本人为了"追求崇高与幸福而具有的范围更狭小"，他发现"在平等原则中有两种显而易见的倾向"，首先每位学习者的"心力将被导向从未经过检验的思想"上去，其次将会"阻止"每一位学习者"独自思考"或"自主思想"，他认为，"在某些法律的支配下，民主将会消除在民主社会条件下有利于"每位学习者"思考或思想的自由；因此，在打破了曾经被阶级或人为施加的所有束缚之后，他们的思想又被最大多数的大众意志牢牢束缚"。❷另一个非常相似的主题是，公共领域或共同体与它们作为一种教育机构如何相互融合的问题。在托克维尔看来，政治共同体可以被视为

---

❶ 康德. 论永久和平 [M]// 李秋零. 康德著作全集：第8卷. 北京：中国人民大学出版社，2010：373.

❷ 阿勒克西·德·托克维尔. 民主在美国（下卷）[M]. 秦修明，李宜培，汤新楣，译. 长春：吉林出版集团有限责任公司，2013：13.

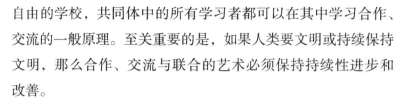

自由的学校，共同体中的所有学习者都可以在其中学习合作、交流的一般原理。至关重要的是，如果人类要文明或持续保持文明，那么合作、交流与联合的艺术必须保持持续性进步和改善。

结合阿伦特的观点，公民社会更有利于促进普通人类理性的前两个准则的运用，第一个准则是自己思考，第二个准则是从他人的立场出发来思考。因此，公民社会对于培养判断来说至关重要，因为判断必然是作为旅行者的学习者在生命旅程中彼此相互关联的过程中进行的行动。而学习者在他们自己之间的相互影响之下，才能发挥感想与意见，也能进一步扩展他们的胸怀并发展思想。换言之，判断力是基于生活在共同体中的学习者之间不断交流、沟通而不断发展起来的能力。公民宪政规定的不仅仅是对这种实践行为的包容问题，它的形式目标恰恰包括其公民能够自我立法。这一目标可能需要教育改革和学校建设的支持。具体而言，假如在学习共同体中，教育者禁止学生发表意见，不仅使得共同体本身变得麻木迟钝、固守一隅、毫无成就，还会进一步清除学习者和教育者的力量，阻碍他们自身的发展，共同体甚至会成为个人主义和主体神话的发源地。在这些方面，公民社会对学习者的培养产生了积极的贡献，不仅促进了学习者在社会生活中的沟通和交流，抑制个人主义的过度膨胀，而且进一步促进了共同体本身的发展。

关于第二个准则，即能够从普遍的立场看到并超越私人判断的条件和对他自己的判断进行反思，学习者可以再次看到如何与共同体中的其他成员进行互动的对话，特别是在所有人都遵循基于实践理性的最高法则的法权原则的情况下，提供必要的实践或练习，使他们熟练地掌握这种反思判断模式，或拥有扩展的思维方式，共通感这一概念在此就起到了至关重要的作用。阿伦特将共通感理解为共同体感觉，也就是学习者希望与共同体成员一起生活的态度和意识。学习者通过反思将共同体中的其他成员和他们的感触一并纳入自己的考虑之中，将那些让他们感到快乐和不快的个人化的、无法沟通的触感转化为可交流的、开放的"共同体感觉"。❶生活在共同体中的每一位学习者都需要将自己私人化的资源，与共同体成员所有的共同资源进行对照、鉴别、控制，以此使共同体成员之间拥有的不同感触都能转化成适合共同生活世界的那种感觉。可以看出，康德的共通感并不是对全部学习者来说都千篇一律的感觉，而是把学习者协调成为一个共同体，使所有学习者都成为这个共同体的成员，并使所有学习者能够相互交流私人感官所给出的东西。因此，共通感的核心在于沟通与交流，如同鉴赏一样始终将自己置身于一种和他人想象的交流中，这种沟通交流的性质使得在趣味中，自我中心被克服了。从而可以看出，基于审美判断的共通感在公民社会和共同体生活中具有重要的实践意义，一切依赖于交流、审议、说服的实践判断的基础，是判断的特殊性达到普遍的规律性因素。这也成为培养学习者的道德性、社会性和促进师生交流的基础。

---

❶ 汉娜·阿伦特. 康德政治哲学讲稿 [M]. 曹明，苏婉儿，译. 上海：上海人民出版社，2013：108–109.

三、教师承担着国家哲学在公民社会中的教化功能

对于康德来说，最重要的是，允许学习者在宗教问题上自己思考，他认为在这方面的不成熟者处于这种受监护状态的学习者是所有人中最有害和最有损声誉的。在这种不成熟的情况下或者自然状态下，完全破坏了学习者对善的追求的内在信任关系，并且使训诫的教育功能无法得到很好的实现。因此，康德认为，人格和公民社会的政治秩序与判断的各种原则之间有至关重要的关系，并没有充分发挥公民宪政在道德教化中的教育作用。正如康德在"永久和平的秘密条款"中所阐述的那样，在国家和社会中，"国家的立法权威"需要认可"哲学家的角色"以及他们所承担的社会教化功能。❶也就是作为教师的哲学家角色在进一步促进学习者的思维方式发展的教育价值，将思维方式本身所需要的准则作为一种理念呈现给他们。换言之，哲学家对于哲学在公共事业中提出指导，是不可或缺的，秘密条款暗示着让哲学家自由而公开地发表言论，并将经由哲学阐明的实践理性传达给社会公民。因此，批判哲学的方法论，特别是作为培养人类理性所需的科学，在教师教育中是必要的，教师反过来通过引导学生使用自己的理性，培养他们自己思考来为他们铺平通往智慧的道路。此外，批判哲学还对学习者作为道德存在者的可能性进行了批判性的验证。与后者

---

❶ 康德. 论永久和平 [M]// 李秋零. 康德著作全集：第 8 卷. 北京：中国人民大学出版社，2010：374.

相关，在《论永久和平》中，康德得出的结论是，道德政治家首先需要"能够使学习者成为什么"的知识，需要"人类学考察的更高立场"，即与纯粹经验性地对人类历史行为所进行的描述形成鲜明对比的实用主义人类学。❶ 早在 1765 年，康德已经肯定了对人性和它本身在创造中的独特地位，并得出结论，人性和其本身在创造性中具有独特的价值，以便使学习者可以知道自己通过自身行为，最终在卓越的物理或道德最高要求方面达到什么水准。

然而，从更一般的意义上来说，他们是公民，是自由运用判断的典型实例，因此认可哲学家的角色是非常重要的。他们有能力为民众的启蒙，即塑造普通公民的判断力作出贡献，这也是他们在社会中充分的、不可或缺的活动。因此，公民社会只需要给予他们作为哲学家活动的自由，他们自己就会公开发表自己的言论，从而按照普遍的、道德上立法的普遍人类理性来履行他们的义务，引导社会公民走向启蒙之路。那些参与反思的人会成为哲学家，因此，苏格拉底的教学模式使学习者获得了哲学家的人格。真正的哲学家——作为自己思维的人——也是实践的哲学家，凭借学说和榜样的智慧教师，向学习者展示人类教育和榜样的最终目的，也给学习者指出人类理性的最终目的。在所有人中，苏格拉底也是唯一行为最接近智者的理念的人。在第一批判中，康德提出，在哲学的世界主义概念下，哲学家也提升为人类理性的立法者，而哲学家作为立法者

---

❶ 康德. 论永久和平 [M]// 李秋零. 康德著作全集：第 8 卷. 北京：中国人民大学出版社，2010：378.

的理念依然存在于每一位学习者的理性中。哲学家成为学习者塑造人格的榜样，因为在他看来，"立法就是人格的建立"，"立法者"凭借"法则真正建立起一种人格"。❶

同样，在 1765—1766 年，康德宣布在他的课程中采用的教学方式就是苏格拉底式的教学模式，学习者应该学习哲学思维，因为这是世俗智慧自己的本性所要求的，这种特有的授课方式就是怀疑的，也可以说是探究的。并且在 1784 年，他仍然相信"只有少数人"能够"自己思维"，并且在这些学习者"摆脱了受监护状态的桎梏之后"，他们会传递"一种理性地尊重每位学习者的独特价值和他们自己思维的天职精神"。❷然而，课程资源可能是哲学家、制度、大自然、家庭或学校，在对培养的普遍理解下，培养使得学习者能够接受比自然本身所能提供的更高的目的，以及作为使无法无天的任性成为谦逊 / 谦卑的规训（纪律、训诫），到目前为止，这种自然教育秩序的整个叙述仍然留下了它与从人格开始建立道德秩序之间的可调和性的问题。关键问题在于训诫（纪律）的教育功能和教化的塑造功能之间的关系。或者更确切地说，是否有一种方法可以解释前两者的必要性，而又不违反学习者塑造自己人格的个人行为的首要地位。正因如此，学习者的意志是设定理性自己目的的理性能力，康德所描述的束缚或强制就是理性的自我约束，这也是康德所说的教化的否定性作用，即消极的教化。换言

---

❶ 赵明. 实践理性的政治立法：康德《论永久和平》的法哲学诠释 [M]. 北京：法律出版社，2009：124–125.

❷ 康德. 什么是启蒙 [M]// 李秋零. 康德著作全集：第 8 卷. 北京：中国人民大学出版社，2010：41.

之，无论是附属于物理和机械过程原则下的心灵生活的腐化或堕落，还是意志不受附属关系的限制，从而实现意志活动原则所应遵循的自由，都是教育过程的功能。在解决这个问题的基础上，才能最终理解康德对公民社会的主张，即"一个民族的良好的道德教养"首先应该被期待作为一个"好的国家宪政"的产物。❶

---

❶ 康德. 论永久和平 [M] // 李秋零. 康德著作全集：第 8 卷. 北京：中国人民大学出版社，2010：372.

第四章 第三批判"方法论"和"伦理方法论"的教育学阐述

审美判断力的方法论,旨在处理人与人之间的关系,这也是一种审美的关系。为了使学习者能够真实地参与到人际关系的互动之中,必须培养学习者的审美情感,具体就是培养同情和真诚沟通两种品质,而这两种品质的结合就构成了学习者的社会性,从而促进学习者的文明化。目的论判断力的方法论,旨在解决人与自然的关系,这也是一种目的论的关系。这一方法论主要在于发展学习者与自然相关的判断力及判断原则,从而使人类的道德目的能够通过学习者的个体行为,在社会共同体中实践性地实施出来,并使得对道德目的认知把握成为可能。《道德形而上学》的方法论,处理的是一种伦理性的关系。在这一教育过程中,康德认为,采用苏格拉底的教学方法是最为合适的,通过学生自主参与问答互动过程,尤其是通过范例和练习,有利于将学习者培养成为苏格拉底式的自主学习者。这也是对理性的自我认知的进一步培养,从本质上讲,这是培养一种应该做什么和应该不做什么的能力(所为所不为),因此也是使学生从接受外在教师的教育转向接受内在教师的自我教育的必经过程，从而将学生与教师之间的关系，转向学习者与自我的关系。

第一节　审美关系：审美判断力"方法论"的教育价值

《判断力批判》的审美判断力批判，看似是第二批判的附属。但是，审美判断力并不是一个附属品，这个内容突破了因果性和目的论之间的二元关系。康德借此重构了一种思维方式，也就是说我们可以通过"既……又……"的形式来思考问题，比如美既不是因果性的，又不是目的性的。审美判断力主要讲的是鉴赏、品味的形成问题，而这本身就是一个教化和教养的问题。黑格尔、施莱尔马赫都认为《判断力批判》促进了教育学的产生。赫尔巴特更是指出，"对世界的审美展示才是教育的主要任务"。❶ 也就是说，教育的主要工作既不是因果性的呈现，也不是目的性的展示，而是审美的展示。

康德在《判断力批判》的序言中明确提出，反思判断力和愉快的情感是处于感性和超感性（与每位学习者都相关的人类的能力）之间的中介环节。判断力是知性与理性之间的一个中间环节，它们构成了高级认识能力的家族。这种中介能力的联结点就在于，"鉴赏力似乎倾向于一种客观性，然而它并没有

---

❶ 赫尔巴特. 论对世界之审美描述是教育的首要工作［M］// 赫尔巴特. 赫尔巴特文集：教育学第 2 卷. 李其龙，译. 杭州：浙江教育出版社，2002：177.

获得这种客观性",而只是先验的客观性,正因如此,"鉴赏判断既不是纯粹感性的,也不是纯粹理性的;既不是单纯个体的(特异反应的),也不是轻易普遍适用的",而是"处于我们认识能力的这两极之间"。❶ 此外,考虑到在心灵中本性的灵魂能力是三重的(认知能力、愉快和不快的情感及欲求能力),那么,愉快的情感处于认识能力和欲求能力之间,这就像判断力夹在知性和理性之间一样。而体验愉快和不快的情感始终和欲求能力相结合,判断力则促使认知能力从自然概念的领域过渡到自由概念的领域,这同判断力可以在逻辑应用中促使知性向理性过渡是相同的。总的来说,关键是有可能使从依据"自由的原则的思维方式"过渡到依据"自然的原则的思维方式",这是因为自由意志应当凭借它的法则或规律所设计的目的在世俗世界中实践,成为现实,而且我们也需要这样来设想自然,即"至少自然形式上的合目的性"可以与"道德目的的合目的性"有协调一致的可能性。❷ 这一陈述,或许比康德在其他著作中的任何别的陈述更直接,更能表达从人类的感性本性中所带来的东西。它阐明了在这方面要解决的问题,因为它在这一点上呈现了人格的概念。鉴于《判断力批判》对这个问题的关注,可以看到这个文本在康德的道德思想中发挥了重要的作用,特别是在实现实践理性转变为学习者主观的、实际的行为法则的任务中发挥了重要的作用。那么,思考审美情感作为中

---

❶ 曼弗雷德·弗兰克. 德国早期浪漫主义美学导论 [M]. 聂军,译. 长春:吉林人民出版社,2010:47.

❷ 康德. 判断力批判 [M]// 李秋零. 康德著作全集:第 5 卷. 北京:中国人民大学出版社,2005:185.

介或者中间环节的作用，以及作为理性的伙伴的作用，也就是在人类的感性本性中实现自由的目的和原则的作用，则是重要的。人类的审美能力对道德有决定性的支持性作用。

一、崇高感构成了学习者人格发展的基础

在《判断力批判》中与人格联系最频繁、最直接的是崇高感。可以说崇高情感是促使学习者的认识从审美情感向伦理过渡的必要环节，缺少了它，认识与实践、知识与道德之间的过渡和结合就有缺陷。康德提出，"纯真的德性"只有奠基于"人性的美感和尊严感"原则之上，"而且原则越是普遍，它就越是崇高和高贵"。❶道德法则在其主观的实践形式中是真正的动机，这种动机源于纯粹的实践理性让学习者觉察到他们自己的超感性实存的崇高以及主观上在他们心目中造成对其更高的使命的敬重。不过自然中的崇高是不合时宜的，作为人类需要而更加重视崇高对道德教育的支持性作用。确切地说，崇高必须与人格，也就是与具有一贯性的思维方式须臾不离，或者与实践理性理念，与对感性起支配威力的道德准则相关。换言之，相对于美而言，崇高所带来的消极和痛苦的体验，蕴含着一种道德性的关系，仅当学习者在理性中找到那种强而有力的主体性威能时，才会产生一种更深层次的快乐，也就是面对强大敌人所表现出的临危不惧和向死而生的强制力，以及战胜

---

❶ 康德. 关于美感和崇高感的考察［M］//李秋零. 康德著作全集：第 2 卷. 北京：中国人民大学出版社，2004：218.

敌人而获得的快感(尊严)。这种愉快或者快感,是学习者对"自己尊严、勇敢的赞赏的快感",也是对"自己的伦理道德的力量、尊严的胜利的喜悦"。❶ 正是这样一种消极的快乐,才是崇高与美的根本区别,这将学习者提升到一种包含更高的合目的性的理念,并进而在学习者心中造成内在的敬重。在康德看来,崇高在学习者内心造就的敬重,并不是骄傲自负,而是包含着谦逊自责的崇高情调。但是,相对于美而言,对崇高的领悟和对内心使命的自觉并不是一种自然禀赋,而是需要在认识能力上有更多的教养,需要练习和发展,需要在美育中将此作为一项教学任务来对待。而文化教养则能够承担起这个教学任务,挖掘出学习者领悟崇高感的潜能。康德又认为,只要是有理性或具有健全知性的学习者,都会要求自己对实践理念应该有一种道德情感上的敬重。换言之,对自然中的崇高者的情感就是对他们自己的使命的敬重。

与实践必然性和人类对其胁迫的反应有关的重要性,正是这种崇高的情感表现出的双重运动,第一步是从感性方面的不愉快的否定性情感(痛感)开始,然后在第二步,达到快乐的情感或者说理性愉悦(愉悦感)。严格来说,与这种通过理性进行的估量相比,不愉快的情感(对崇高者的情感),就是由于想象力在审美的大小估量中不适合于前者的估量,但康德自己却将感性的理性屈从与理性的道德规定进行了类比。当然,在人的道德的真正性状之中,理性必须对感性施加强制力。事

---

❶ 李泽厚. 批判哲学的批判:康德述评 [M]. 北京:生活·读书·新知三联书店,2007:400-401.

实上,"对自然界的崇高感"就相当于学习者对他们自己使命的敬重感,也就是说可以用学习者"对自然对象的敬重"替代他们对"人性理念的敬重"。换言之,可以用学习者对"自然客体的崇高感"启示出学习者的理性使命或者道德使命,而由敬重而展现出的"道德使命"在"感性能力"面前有明显的优势。❶ 正因如此,即使最大的感性能力被认为是不适合性的,也与理性理念协调一致,从这种协调一致中,理性的法则和理念随之产生了学习者的愉悦感。换言之,"崇高的情感"既不是文化的产物,也不是符合传统习俗的问题,"它的基础在于人的本性",也就是学习者对实践的"理念的情感,及道德情感的禀赋"。❷ 换言之,当学习者的心灵在自然界强烈的作用下直接从感性的世界被牵引到超感性的理性内在的理念,这种崇高的情感就会产生。

康德重申了更为普遍的促进身心愉快的愉悦感。从理智上讲,崇高的对象是在其威力之中的道德法则,是一种只有通过牺牲才能使自己在审美上可以认识的强大力量或威力,服务于内在的自由。换言之,这种威力是一种剥夺,但是,它揭示出学习者心中这种超感性能力的一种不可探究的深度,连同它那些延伸到无限的后果,因此,学习者感到的这种愉快情感从审美方面来看(与感性相关)就是消极的。然而,从理智方面来看则是积极的。表述这个问题的方式对应了第二批判的方法论

---

❶ 康德. 判断力批判 [M] // 李秋零. 康德著作全集:第 5 卷. 北京:中国人民大学出版社,2005:267.

❷ 康德. 判断力批判 [M] // 李秋零. 康德著作全集:第 5 卷. 北京:中国人民大学出版社,2005:276.

中所提到的内容，康德在其中声称，灵魂或慷慨的伟大之处在于为学习者从一切想要占统治地位的感性依赖性中挣脱出来，并达到学习者的理知本性的独立性和他们的使命所规定要达到的崇高思想时所必然带来的牺牲提供了丰厚的补偿。事实上，敬重或道德情感就是这样一种双重运动。这里的不愉快要么缺乏直接呈现的，要么缺乏在正直道德人格的榜样中所呈现出的道德法则的谦卑体验所致。正如康德所说，如果学习者在一个身份地位都很卑微的普通人身上看到了他们"自己身上没有意识到的某种程度的品格正直的话"，他们的精神会鞠躬，因为榜样通过对法则的遵守证明了"法则的可行性"，消除了学习者的自大。❶ 换言之，通过榜样使得道德法则直观地向学习者呈现出来，这消除了他们的自大、自负或者骄傲，这也让他们陷入了不情愿的敬重，此时的敬重就很难说是一种愉快的情感。不过，学习者自然而然地抵制了他们发现自己无法衡量的东西。然而，一旦通过沉思这条法则的庄严伟岸或者美妙庄严获得满足感时，以及当学习者的灵魂或心灵看到德性榜样们所表现出来的道德法则完全超越了他们那脆弱天性的崇高性时，他们自身就摆脱了自大，这种抵制也就是追随了，他们自己也相信自己本身在这种程度上被提高了。总之，崇高是学习者凭借对理性的本体之理念进行沉思获得的。由此可见，无论是在《实践理性批判》还是在《判断力批判》中，康德都将一种积极的作用赋予了否定本身。他在《判断力批判》中提出，对

---

❶ 康德. 实践理性批判 [M] // 李秋零. 康德著作全集：第 5 卷. 北京：中国人民大学出版社，2005：82.

人的道德性状的否定性呈现是为了避免使学习者陷入狂热、荒诞、非崇高性的危险。也就是说，这种情感是"某种想要超出感性的一切界限"去寻求"某种东西的妄念"，或者也是依据"原理去梦想（凭理性狂奔）的妄想"。❶ 作为无限者的展示，它永远只能是一种否定的展示，但它毕竟扩展了心灵，提升了灵魂。康德的最终立场是否定性地呈现颁布命令的一条义务法则，也就是榜样行为的意向的道德性，出于义务的合法性，而非单纯的行为的合法性，而这也是唯一在道德上塑造灵魂的阐述方式。简而言之，愉快和不愉快情感的双重运动强化了这样一种观点，即道德的使命不能只被视为一种繁重的体验，它会带来基于克制甚至强制作用的内在统一。相反，在崇高的情感中，有一种内在于心灵的、类似于道德情感的情调（情绪）与崇高的情感相结合，使学习者明确地表现出人类本性中的能力，这种能力对与其感性本身相联系的、不可判断的、与其利益相抵触的事物，做出了积极的响应。

康德进一步发展了这个观点。在崇高情感中，学习者会发现"威慑着（抵制着）感性"的东西是立刻吸引他们自己的东西，因为这就是"理性施加于感性之上的强制力（威力）"，是为了"与理性的（实践）领地相适切地扩展感性，并促使感性去寻找那对它来说是一个深渊的无限者"。❷ 也就是说，崇高感引领着学习者不断追求卓越。因果关系的运用导致人格的产

---

❶ 康德. 判断力批判［M］// 李秋零. 康德著作全集：第5卷. 北京：中国人民大学出版社，2005：286.

❷ 康德. 判断力批判［M］// 李秋零. 康德著作全集：第5卷. 北京：中国人民大学出版社，2005：275.

生,在广义上与学习者对自然的审美反应相关。学习者也可以将审美能力视为理性努力实现这种感性扩张的合作伙伴,以便在后者内部产生道德法则的形象。此外,在承认学习者内在的能力优于自然力量的同时,学习者同时发现一种性质完全不同的抵抗能力,它促使学习者"有勇气可以同自然界的这种表面的万能相较量",这是"完全另一种自我保护",完全不同于那种当学习者遇到来自他们内心"之外的自然界所发出的攻击和威胁"时,所表现出的自我保护。❶

换句话说,这种自我保存与面对自然必然性变迁的自我保存不同,前者可以暂且称为尊严的自我保存,后者则可以称为生存的自我保存。在审美反思中以及通过审美反思,学习者才得以回归,即从向外看转向向内的自我反省。只有在这一转向中,学习者自身才开始感受到对他们是谁以及他们能做什么的一种珍视,才开始感受到他们自己人性本质的尊严。这是康德哲学的一个特色。只有在实际的人类经验的过程中以及通过这个过程,才能以其特征的形式为人类所感知。在对人类头上星空的审美的沉思中,学习者被它们所代表的自然必然性的力量所展现出的胁迫式的压倒性感觉所牵引,学习者自然转向了一种鉴赏的意识,即欣赏在他们自己内部拥有不同类型的必然性的来源,与此同时,学习者也会看到一个完全不同的实践的领域。换言之,愉快与不愉快的能力在理性和欲求的能力之间扮演着中间环节的作用,这最终也与偏好的根本利益有关,这些

---

❶ 康德. 判断力批判 [M] // 李秋零. 康德著作全集:第 5 卷. 北京:中国人民大学出版社,2005:271–272.

偏好包括自我保存和对幸福的欲求。虽然理性通过实践的欲望来规定意志，但是对偏好的利益的明显拒绝被转化为新得到的愉快，以服务于更高秩序的自我保护的利益和目的。

二、审美对道德教育起到支持性作用

刘易斯·贝克认为，对于康德来说，道德律的崇高只是隐喻，在敬重和崇高感中，全部是对学习者的感性本性的谦抑或阻碍，它带来痛苦，而随后又凭借在学习者自身中所发现的能力，被转变为自豪感，这种自豪感会让学习者感受到崇高，从而胜过由于被阻碍而获得的痛苦。此外，"对于法则的敬重"和对学习者"人格的敬重是基本一致而非冲突的情感"，也是学习者"关于崇高的经验中的两种（不同情感之间）相互结合的情感"。❶ 在这方面，审美的作用并不仅仅局限于崇高情感，崇高者是美者的相对物，而不是它的对立面。既然"唯有美属于鉴赏。崇高虽也属于审美判断，但却不属于鉴赏。不过，崇高的表象却就自身而言可以并且应当是美的"，此外"甚至恶的或者丑的东西，其展示也可以并且必须是美的"。❷ 康德就劝告学习者要依据道德属性来审察美感和崇高感。人性的美感是学习者能够展现出仁爱、友好、善良的基础，而人性的尊严感则是学习者能够受到普遍敬重的根基。美是指在单纯的鉴赏

---

❶ 刘易斯·贝克.《实践理性批判》通释 [M]. 黄涛，译. 上海：华东师范大学出版社，2010：273.

❷ 康德. 实用人类学 [M]// 李秋零. 康德著作全集：第7卷. 北京：中国人民大学出版社，2007：235-236.

中令人欢喜、开心的东西，而且这必然经由自然推出，并且一定是令人不带任何利害而感到欢心，而崇高则是凭借学习者对感官利害的抵抗而直接令人欢喜的东西。在《实践理性批判》中，康德谈到判断力作为能够让学习者感受到他们自己的认识能力的工具，并非使学习者对行动及其道德性本身有兴趣。不过，这种判断力同样能够给德性和依据道德法则行事的思维方式赋予一种美的形式，从而引起学习者本身的惊赞或感叹，不过并没有激发起他们去寻求美的形式的努力。这里需要以相反顺序进行的二重运动，即超越普遍意义上的愉快，其中学习者对对象的存在漠不关心，随后是在遵守义务法则时让他们感到的积极性价值。

换言之，从主观意义上讲，鉴赏判断就是思维，使学习者感到美的快乐，并不注重其对象是否存在，学习者在审美的快乐中享受或者感受到自身，而且只有自身。正如康德在《判断力批判》中所描述的那样，这种愉快是从与思维方式（或者人格）有关的鉴赏判断中引发的，尽管如此，这种快乐仍然服务于人格。也就是说，学习者能够通过对自然美的鉴赏而获得一种愉快的情感，这必然要以学习者思维方式的自由为基础条件，或者说是学习者感受到的愉悦要以学习者能够完全独立于纯粹的感官享受作为前提，这中间蕴含着为了摆脱偏好专制的理性。更重要的是，通过鉴赏与理性，以及美者与善者相一致的规则，通过这种一致，前者可以被用作激发学习者善的意图的工具。鉴赏作为理性的工具、美作为善的工具的使用是通过"这种自身维持并具有主观的普遍有效性的心灵情调"，来为"唯有通过下决心费力才能维持，却具有客观的普遍有效性的思维方式作铺垫"，也就是说为这种"思维方式"奠定基础，才能实现的。❶ 正如康德在将美作为善的象征的讨论中，指出这种具有支持性的"心灵情调或情绪"是学习者的"心灵或灵魂"能够感觉到他们本身的某种高贵化的意识，以及他们自己对某种凭借"感官印象的愉快"情感的纯粹"感受性的超升或升华"，同时对其他人也依据学习者自己"判断力的类似准则来估量其价值"。❷ 支持性的关系是相互的，也就是说，培养鉴赏的真正预备性途径就是发展道德理念和培养道德情感。

对于阐明人格与人类审美能力之间关系来说，至关重要的是，学习者的生活方式的内在统一，最终不是以人性对理性的因果运作的一种服输或被动的从属来达成的，而是通过一种真正的、合作性的回应来达成的，这一回应使得以他们个人的、具体的行为来实现道德形式的单一的、联合的努力成为可能。教育者需要不断地、持续地激励学习者的道德使命的崇高感，并将此看作唤醒学习者道德意念的工具或手段。更为重要的正是因为，这种崇高感恰好可以抑制着将学习者的任性（选择能力）的准则中的动机翻转或颠倒过来的那种生而具有的偏好。因此，它也有效地使学习者在可以被他们自己采纳的、作为最高条件的对法则无条件的敬重中，重建他们自己各种动机中的原初的道德秩序，并由此而重建他们心中向善禀赋的纯粹性。

❶ 康德. 判断力批判［M］// 李秋零. 康德著作全集：第5卷. 北京：中国人民大学出版社，2005：239.
❷ 康德. 判断力批判［M］// 李秋零. 康德著作全集：第5卷. 北京：中国人民大学出版社，2005：368.

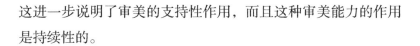

这进一步说明了审美的支持性作用，而且这种审美能力的作用是持续性的。

三、借用文明化培养适合人性的社会性

纽曼认为，学习者是"具有社会性的存在物，没有社会，人几乎不可能生存"❶。这是因为学习者先天地具有联合在一起的社会性。在《判断力批判》审美反思判断力的方法论中，康德阐释了在美的艺术方面，大师如何更好地与学生建立关系之后，迅速转向更广泛的考虑因素，这个考虑处在文明化的教学阶段中。在美的艺术的入门中，心灵的力量应该首先通过人文学科来培养，以便培养学习者"普遍的同情感"和"真诚交流的能力"，而这两种能力结合在一起便构成与"人性相适合的社会性"。❷

在康德的逻辑学讲座中，他认为人文学科或人文主义知识是由以下内容组成的，即演说、诗艺、广泛阅读经典等诸如此类的东西，从而按照古人的典范用于培养鉴赏。也就是说，所有这些人文主义知识都可以算作语文学的实践部分，其目的首先在于鉴赏教育。随后，康德针对从事这样工作的两类学者进行了专门化的区分。纯然的语文学家与人文主义者的区别就是，前者在古人那里寻找学问的工具，而后者与前者的任务截

❶ 约翰·亨利·纽曼. 大学的理念［M］. 高师宁，等译. 北京：北京大学出版社，2016：202.

❷ 王朝元. 走进审美王国：康德《判断力批判》研究［M］. 桂林：广西师范大学出版社，2014：266.

然相反，即寻找鉴赏教育的工具。人类道德生活和道德人格的两个问题被明确地提出：教育的最大问题是使服从法则的约束与利用自己自由的能力相协调，或将他人的规定转化为理性的自我规定（外在权威转化为理性的、内在的权威）；受过教育的民众与未受过教育的大众之间如何沟通的问题。这是康德对启蒙运动的纠正，具体来说纠正了他们对普通大众的态度。他们对穷人普遍的不幸、无知和野蛮的绝望，总的来说，这些似乎都是无可救药的。一个民族借助由法则规定的社交性构成一个持久的共同体，必须面对将自由与强制结合起来的艰巨任务。其次，必须实现社会中"最有教养的部分的理念"和"较粗野的部分的理念"之间的"相互交流"。❶ 必须在最有教养部分的博雅和精致与较粗野部分的自然纯朴及独创性之间寻求和谐。虽然这里的观点是从社会的角度来表述的，但这种和谐的关系也是在个人层面上将自然的存在培养成成熟的道德的存在的一个因素。交流需要的是道德和鉴赏。一方面，超越私人情感的普遍有效性是道德理念的内在属性，因此建立鉴赏的真正入门之法是发展道德理念和培养道德情感。另一方面，道德理念必须以具体的形式在世界上实现。鉴赏是判断的能力，在这种判断力下使得道德理念变得有意义。

康德在"目的论判断"的"方法论"中，又回到在社会和政治形式中的自然与文化之间的交流和互动的问题上来，最为核心的是他区分了两种文化。康德首先提出了文化的概念，文

---

❶ 康德. 判断力批判 [M] // 李秋零. 康德著作全集：第 5 卷. 北京：中国人民大学出版社，2005：370.

化就是作为有理性的存在者在通常情况下，因其自由而对随意任何目的的适应性的产生过程。随后为了解决自然的最后目的划分了文化。其中，第一种是熟巧，也就是熟练技巧，或者称为劳动技能；第二种是科学与艺术。作为熟巧的劳动技能可以促使学习者适应所能建立的一切目的，可是这种文化还不能够促使学习者摆脱动物性欲望冲动的专制，从而促进他们自己的自由意志。这是因为，熟巧是不能够自由地设定目的，也不会自由地选择他们的目的，这些既定的目的是学习者自然的欲求给他们确定的，而熟巧也只是这些目的适应性的主观条件。如此，学习者还不是真正的自由，还受到自然法则的抑制。正因如此，学习者还需要凭借文化脱离动物性，促进他们自己规定和选择目的的自由意志，这种文化就是训练（管教），也是适应性的客观条件，促使学习者摆脱欲望和冲动对他们自由意志的控制与专制。换言之，通过训练或管教，学习者可以借助道德的自我教化将自我提升到道德的最高形式。在人类的进程中，熟巧需要向更高层次的科学与文化发展，凭借后者，学习者能走出自然感官欲望的控制，可以自由地设置更高的目的，而它们是借助人类不平等和分工从劳动技能中分化出来的，也被康德称为文明。换言之，对于熟练技巧的培养再次引发了人与人之间的不平等问题。正因如此，需要进一步探讨如何"通过一个以法权为基础的公民社会的扩建，而缓解统治的压迫与战争的野蛮"❶。

---

❶ 福尔克尔·格哈特．伊曼努尔·康德：理性与生命［M］．舒远招，译．北京：中国社会科学出版社，2015：176.

在人类历史上，这种培养通常是在绝大多数人保持在受压迫、辛苦劳累而很少享受的状态中进行的，为其他人提供了生活的必需品，以保证他们从事科学和艺术工作所需的闲暇时间。艺术工作在这里被康德专门用来指代文化中不太急需的部门。这种发展本身就是一把双刃剑，因为鉴赏的文雅化直到理想化，甚至在科学作为虚荣的粮食的奢侈中，凭借由此产生一大堆不能满足的偏好把那种灾祸倾倒在人类身上，从而带来一种灾难的优势。当然，从柏拉图的《理想国》到卢梭，文明进步的这些负面影响一直是他们关注的主题。

因此，两个社会阶级都受到影响，一个是通过外来的暴力进行的，而另一个则是由于内心的不满足所引发的。尽管如此，人们不能不注意到，学习者内部的"本性追求人性的发展的目的，即，作为动物性的偏好妨碍了对他们更高使命的教育，因此通过对他们作为动物种类的偏好的粗野性和狂暴性的抵制，从而使得对他们更高使命的教育而取得更大的发展"[1]。正如康德所说，整个人类的文明和进步虽然不可避免地带来苦难，但他并不像卢梭那样悲观，认为这纯粹是道德的堕落，康德看出它背后隐藏着某种合目的、合规律的趋势，最终是引向某种道德目标的。一切苦难都在"整个人类文化发展进程中"不断锻炼学习者的才能，并引导他们的意向。[2] 所以科学和艺术便能满足作为最后目的的文化的第二个要求，这就是不仅一

---

❶ 康德. 判断力批判 [M]// 李秋零. 康德著作全集：第5卷. 北京：中国人民大学出版社，2005：451.

❷ 王朝元. 走进审美王国：康德《判断力批判》研究 [M]. 桂林：广西师范大学出版社，2014：353.

般地适合于学习者建构所有目的，例如实用性的熟练技巧，而且可以促使学习者的意志摆脱自然欲求而具有设计和甄选他们自己的目的的自由能力。换言之，这种进步虽诱发了学习者的不良嗜好、奢侈和虚荣心的膨胀，但同时也凭借自然合乎目的的努力使学习者得到教化，从而使他们对高于自然的卓越目的具有了接受能力，并最终为人性的发展腾出空间，也就是说，凭借这种教化与合目的性的功能，来促进人性的发展与完善。自然目的所产生的"美的艺术和科学通过某种可以普遍传达的愉快"，虽然"没有使学习者有道德上的改进"，但凭借"在社交方面的调教和文雅化，却使学习者有礼貌，文明起来"，它们在对抗感官偏好的专制方面取得了很大的进展，使学习者的自然偏好屈从于他们的理性，并借此使学习者为那个唯有"理性才应当有权力实施的统治和管理做好准备"。❶ 正因如此，艺术和科学是可以作为帮助、促进学习者意识到并发展出自身所隐藏的更高目的、终极目的的一种准备。

　　通过人际交往，人人都能参与到文化中来，这需要在政府的形式、法律、教育的原则、制度之间建立起联系，而且这种联系并不是通过将自我利益作为学习者活动的唯一动机。康德努力调和自然过程与人类道德的合目的性的论述，在这种背景下具有更大的意义。康德认为，所需要的形式条件，应该是人与人相互之间关系中的法治状态，在这种公民社会整体的法治状态中，可以凭借在其中的合法化的强制力来对抗由交互或交

---

❶ 康德. 判断力批判［M］// 李秋零. 康德著作全集：第 5 卷. 北京：中国人民大学出版社，2005：451–452.

往冲突对自由造成的损害，从而使学习者能够在共同体中最大限度地发展他们自己的自然禀赋和核心素质。在此，康德从更广阔的视野提出，为了保障这种发展，还需要一种世界公民的整体，以此来阻止和限制国家之间的战争。❶正因如此，无论是从国家层面的教育规划来说，还是从学校层面的课程实施来说，教育的执行者和学习者自身都需要培养一种人类命运共同体的世界主义理念，发展具有面向世界和未来的合作素养。因为在康德看来，人类的完善是一个类的概念，并不是单靠某个人能够完成的。然而，这很快就激起了一种悲观的情绪，即给予自身利益自由统治所激发的激情也再次成为障碍。鉴于不愿与其他人来往的野心的恶习，对权力的渴望和贪婪，导致实现这一整体的可能性受到了极大的阻碍。因此，康德认为，战争成为不可避免的现实。在这种背景下，他将战争解释为潜藏在自然界深处的一种动机，以此来发展服务于文化的一切才能。这大概意味着人们可以推测深深隐藏在任何事物的本性中的无上智慧，也就是他所说的天意，首先是对个人或者由个人组成的共同体试图把这种障碍强加于他人，阻碍他人自由普遍发展的一种自然本性的控制欲望，其次这种被康德称为人类的灾害，成为促进人类获益的积极途径。正如康德所说，整个人类的文明和进步虽然不可避免地带来苦难，但他并不像卢梭那样悲观，认为这纯粹是道德的堕落，而康德看出它背后隐藏着某种合目的、合规律的趋势，最终是引向某种道德目标的。因

---

❶ 康德. 判断力批判［M］// 李秋零. 康德著作全集：第5卷. 北京：中国人民大学出版社，2005：450–451.

此，整体而言，教育不是线性发展的事件，不是由秩序阶段组成的一个方法，而是一个互动过程，在这个过程中，必须以整体的方式分别实现自我认识、自我教育的自由，心灵获得道德法则的自由以及实现自由在判断中的有效作用，实现必不可少的社会交往的自由和政治秩序的自由，在任何情况下，这都是确保自由不受自身利益原则统治和控制所需要的。也就是说，无论是从课程体制还是从课程实施来说，教育必须始终一致地解决自由的可能性的客观原则和主观原则。

第二节　目的论关系：目的论判断力 "方法论"的教育价值

在《纯粹理性批判》中，学习者的知性通过时空来直观世界。但是，这个直观过程仅仅涉及形式因、质料因、动力因，而排除了目的因。也就是说，前三种因素对于知识和认识来说是构成性的。但是，在所有的科学研究中目的因并没有消失，而是成为一种调节性的存在。按照亚里士多德的四因说，目的因是一种构成性的存在，但是在康德这里发生了变化，目的因发挥着调节性的作用。因此，这也是《判断力批判》的内容所要解决和强调的。换言之，自然科学仅仅研究纯粹的因果关系或因果性，而不研究目的，因果性成为自然科学中的主要范畴。但是，科学进步并非只有因果性范畴在起作用，科学进步离不开调节性因素，目的因并没有消失，科学研究和科学发展的进程中依然存在着不同的目的。这里存在的悖论是，这些目的并非科学研究和科学进步能够探究和认识的，它们作为调节性因素而起作用。正如康德所说，自然科学并不能断言自由、上帝存在和灵魂不死，这超越了知性自身的领域。

现在就出现了一个问题，也就是说，在构成性的角度存在着因果性的因素，那么，如何在理念层面上是自由的呢？这个问题在《纯粹理性批判》中并没有得到回应。近代科学如何可能的问题是第一批判所关注的，而道德原则是什么则是第二批判能够给予的解答，而这两者如何关联的问题，并没有在第一批判中得到澄清。虽然康德在《实践理性批判》中曾经断言他的批判已经完成，但是随后他意识到，在构成性和调节性之间还存在着过渡性的问题，这也就是康德撰写第三批判的原因所在。《判断力批判》包含两部分的内容，第二部分是目的论判断力的批判，这和目的因有关系，它可以看作第一批判的附属，但绝非附属那般不重要。

一、目的论：与自然有关的目的判断

康德凭借证明"文化—道德的人是自然的最终目的，来阐明自然向人的生成是一种合目的性的运动。因而在目的论中，自然与道德的鸿沟得到了弥合"。❶ 因此自然与道德之间的关系

---

❶ 陈嘉明. 建构与范导：康德哲学的方法论 [M]. 上海：上海人民出版社，2013：185.

也成为目的论反思判断力的方法论所关注的焦点。这里的自然就是指自然的需求，而道德指代自由，特别是为了实现人类最终目的的自由。具体地说，康德探讨了学习者作为道德存在者如何在世界中，以及在与世界的关系中运用判断力。本研究已经在第二章、第三章中论述了学习者如何通过与自然的联系，促进自身实现人类的道德目的。但是为了进一步探讨目的论的问题，必须探讨通过什么原则可以假设一种建筑术（系统统一）的理性，可以假设一种用于一切自然目的的判断力的目的论原则。

在第一批判的讨论中，康德强调了自然和道德目的的相互作用。康德分四个层次论述了这个内容。在康德的论述中，道德目的也就是道德的合目的性统一，而自然目的也就是自然的合目的性统一。第一，不能将道德目的强加于自然界；第二，目的论概念为训练理性提供了理性的学校；第三，自然目的为道德目的的实现提供了条件；第四，自然目的论是道德目的论的结果。在康德看来，学习者的理性知识需要有先验的提升。换言之，需要将理性的逻辑运用或思辨运用提升到理性的纯粹运用（实践运用），后者给一切知识都提供了一个先验理念，对知识起范导性的引导，使知识达到更高的统一，形成系统性的整体。康德将自然为人立法转向人为自然立法，道德目的是拥有纯粹理性的学习者必然会有的一种目的，并促使他们到自然界里面去寻找合目的性的统一，促使学习者超越机械论而追求先验理念，寻求更高的统一性，从而把整个自然界看成合目的性的整体。

　　在目的论判断力的分析论中，康德把自然的统一与人类目的性活动的因果关系之间做类比后，将自然偶然的统一性看作自然统一的合目的性。这个过程有两方面的意义：第一，将在人类"心灵中寻求自然统一性依据的理念具体化"，并在"判断力中为自然的系统统一找到了依据"，同时将"判断力提供的规律"可以当作"自然的形式的合目的性原理"；第二，阐述了"自然的合目的性统一只是起到范导性的作用"。❶从而反思判断力通过知性所计划的自然统一的目的，依据自然合目的性的统一，把特殊的自然事物纳入了统一的自然秩序中，这样就使得繁杂的特殊经验呈现出系统性的统一整体。除了人之外，纯粹的、有机的、共生的自然界中，并不存在一种功利主义的目的论，也就是说，自然目的是一种互为因果的目的因果联系。因此，有机体具有如下三个性质：第一，部分只有处在与整体的关联中才有存在的可能性；第二，各部分互为因果，构成一个统一性的整体；第三，它是各个部分能够交互产生的自组织系统。仅仅凭借机械论是无法理解和解释这种目的因果联系的。因此，目的论就被康德重新引入哲学系统之中。

　　康德在"目的论判断力的方法论"中，进一步论述了目的论的作用及其与机械论的关系。目的论是研究自然有机体的范导原则，它的研究对象是自然的产生方式与其原因，它要追寻的是自然的根本原因和最终根据。目的论虽然是指导科学发展和认识有机体的原则，但是并不属于自然科学和神学，也不能

---

❶　陈嘉明. 建构与范导：康德哲学的方法论 [M]. 上海：上海人民出版社，2013：190.

归于理论科学和实践科学，而仅能归于对判断力的批判，划归于反思性判断力而非规定性判断力。在康德看来，自然目的论之所以重要，是因为只有在自然界的目的论研究中，才可以推论出道德目的论和神学目的论的必要性。康德随后指出，机械论可以用来理解和解释自然物，但它仅是自然的自组织的手段，因此，对具有目的的自然存在的考察，就需要引入目的论，作为认识和科学研究的指导原则，才能满足人类对"自然和自然科学的系统统一性"❶的要求。从这个方面来看，机械论从属于目的论。但是，目的论也不能破坏自然界中的机械作用。

康德借用判断力及其合目的性的先天原理来解决系统统一的问题，"具体体现为审美的与社会文化的两种途径"❷。在"作为一个目的论系统的自然的最后目的"中，康德首先讨论了教育的四个阶段：训练、培养、文明化和道德化，并重申了这些教育阶段的教育功能。第一步，训练是消极的、否定性的：训练用于将驱动力、冲动和本能、限制在满足理性目的所需要的程度上。在《论教育学》的文本中，文化是学习者作为理性存在者一般地对随便什么目的的这种适应性的产生过程，这是一种积极的过程。归根结底，文化"毕竟表现出自然对出于某种教化的合目的性的努力，这种教化使学习者能接受比自然本身

---

❶ 王朝元. 走进审美王国：康德《判断力批判》研究 [M]. 桂林：广西师范大学出版社，2014：335.

❷ 陈嘉明. 建构与范导：康德哲学的方法论 [M]. 上海：上海人民出版社，2013：185.

所提供的更高的目的"❶。也就是说，科学与艺术作为文化的内容有利于提升学习者的"精神素质，并有助于高扬理性道德的力量"❷。正是在这方面，康德指出需要公民社会和适当的政治秩序，以促进对所有公民的教化，而教育本身也具有社会领域的含义。换言之，公民社会中的文明化为学习者的道德化创造了更好的条件，科学与艺术的进一步发展促进了学习者的道德意识和道德感受，使他们对伦理要求他们应当做什么，有了越来越敏锐的感受性和意识。

　　康德对第四个阶段，即道德化的论述中，进一步论述了理性的终极目的——至善。他对美德的可能性问题做了探讨，也是对什么是道德和如何实现道德，如发挥道德法则在现实生活中的作用的探讨。他认为正是道德、道德意志，而不是对超验者的诉求，才最终导致了他对上帝存在的道德证明。康德对于上帝存在的道德证明，并不是为了将道德或者形而上学导向神学，而是为了保证道德的完善性，为美德的可能性寻找根据，也就是说，学习者在慎思如何进行道德实践时，一定要接受一条理性准则，即接受道德法则或道德律。康德断言，这一证明只不过是在人类理性能力中对其根据的阐释，这一原则是在培养学习者理性能力的过程中发展起来的，尽管只是一种模糊的表象，但这一原则促使学习者总是将自然与其内部的道德法则相结合。站在这种信仰的立场，意味着要相信学习者能够实现

❶ 康德. 判断力批判［M］// 李秋零. 康德著作全集：第5卷. 北京：中国人民大学出版社，2005：451.
❷ 李泽厚. 批判哲学的批判：康德述评［M］. 北京：生活·读书·新知三联书店，2007：423.

他们有义务推进的目标。

在《纯粹理性批判》中，康德解决了理性和理性利益，即意志的自由、灵魂的不朽以及上帝的存在之间的关系。不让求知欲，也就是不让追求超验对象的欲望妨碍学习者的自我认识，因此理性需要节制、需要训练。对批判的、理论的界限的回应是实践的延伸，而不是形而上学的推测，这样一来就需要追问如果意志是自由的，如果有一个上帝，有一个来世，那么作为有限的、理性的存在者在适当的、必要的努力中应当做什么。在《判断力批判》中，康德从相反的方向回答了这个问题。换言之，问题就是在理论的界限内，对自然目的论的描述不能破坏、摧毁实践的进程。更确切地说，是问道德意向的主观性及其可能性的条件是什么。它不仅是美和崇高的审美情感，而且是对精神的道德意向的支持和表达；同时也需要一个判断力（反思判断力）作为基础，有益于利用目的论原则，目的论只是一种反思判断力的范导性原理。从康德的分析中可以看出，自然界的存在并不是为了学习者的幸福，甚至会设置各种苦难阻碍学习者的幸福，这就说明，终极目的并不能以感性的自然为根基，而只能另谋出路，康德从而引出了道德理念。"感谢、顺从和谦恭（屈从于应得的惩罚）都是内心趋向义务的特殊心情"，伴随着"这个倾向于扩展自己的道德意向的内心"，在这种"道德行为的思维方式中"，"毋须考虑理论的证明，更不考虑自私的利益"，而只是寻求和设想"在世界之外的一个道德上立法的存在者"。❶ 诸多世俗世界的经验表明，学习者心灵的道德需求并不受制于外在的自然因素，而只是作为纯粹实践理性原则在发挥作用。

简而言之，出于实践的或者道德的目的，不需要也不必满足于自然主义，学习者借助于道德原则而设想的超验理念便可以与道德律达到真正的完全的和谐。也就是说，心灵的道德和谐的基础是学习者内在的作为主观原则的道德禀赋在观察世界时不满足于其由自然原因而来的合目的性，而是给世界加上一个至上的、按照道德原则统治自然的原因。当学习者在道德法则的支持下去寻求普遍的最高目的，而且学习者和这个自然界"都没有能力达到整个目的"时，便会有了"实践理性的一个纯粹道德的根据来假定这个原因（一个充满智慧的世界的原因）"，即使没有太多的依据，"也毕竟使他们不致冒把那种努力就其效果而言视为完全无济于事的而使之松弛的危险"。❷ 尽管恐惧最初能够产生诸神（魔鬼）的概念，不过理性借助于它的道德原则才第一次产生了上帝的概念，从而促使自然与道德律（自由）实现了真正的和谐。学习者拥有的内在的道德目的使命就充分填补在自然知识上所损失的东西，原因就在于它能够提示学习者在万物存有的终极目的上，思考那带有各种属性的，从而有能力使这个自然从属于那个唯一意图的至上原因。在第三批判的整个"方法论"中，康德都在原则的运用方

---

❶ 康德. 判断力批判［M］// 李秋零. 康德著作全集：第 5 卷. 北京：中国人民大学出版社，2005：465.

❷ 康德. 判断力批判［M］// 李秋零. 康德著作全集：第 5 卷. 北京：中国人民大学出版社，2005：465–466.

面（范导性的、构成性的原则）阐述了人类如何看待这样一个
至上原因，这个至上原因包含"一种必然的道德终极目的的可
能性和实践实在性亦即可实施性的根据"❶。鉴于期望于它的那
个结果的性状，至上原因也就是学习者把它设想为一个智慧
的、根据道德律来统治世界的存在者。进一步考虑到依据学习
者认识能力的性状，他们便可以把至上原因设想为事物的不同
于自然的原因，仅仅是为了呈现出这个超越于学习者的所有认
识能力之上的存在者同他们自己的实践理性的客体的关系。同
样的调节性或范导性原则在实践领域（依据作为目的的东西来
行动）便是构成性的，也就是可以在实践上起规定性的作用。
对于学习者来说，由于他们的实践活动需要道德法则的范导与
指引，因此在方法论层面是范导性的。同时这些活动又要在世
俗世界中实现他们自己给自己设定的至善目的，因此在方法论
层面也是构成性的，从而实现了道德的合目的性统一，达到了
目的与结果、自然与自由、学习者与自然的统一，再次达到了
第一批判"方法论"中的"知性建构方法与理性范导方法的
统一"。❷

　　换言之，在康德看来，实践理性对学习者在世俗世界中实
际行为仅仅是调节性原则，不过也可以在主观上凭借道德法则
提供一条构成性原则。当它作为对事物的客观可能性做判断的
原则时，这一原则绝不是理论上起规定作用的，而只不过是对

---

❶ 康德. 判断力批判 [M]// 李秋零. 康德著作全集：第 5 卷. 北京：中国人民
　大学出版社，2005：477.
❷ 陈嘉明. 建构与范导：康德哲学的方法论 [M]. 上海：上海人民出版社，
　2013：207.

于反思性判断力的一个调节性的原则。在这里他随即提出了道德与幸福相结合的至善理念，道德作为学习者的道德法则在他们的实践行动中作为他们自己的主观上的构成性原则，而幸福便是学习者在世俗世界中最普遍的幸福，只能拥有主观实践上的实在性，这两者构成了终极目的，在理论上起到一种调节性的作用。而康德从开始就将此看作一个判断力的问题，尤其是一个反思判断力的问题。从理论上的反思判断力来说，如果从目的论来理解自然或者自然目的论，并将自然纳入终极目的，引入一个知性的存在者，作为整体的世界是可以被理解的。而从实践上的反思判断力来看，抛开自然目的，而先验地假设一个最终目的必然具有道德属性，随后假设，作为道德存在者的人可以看作世界的创造者，而成为一切自然目的的最终原因。

因此，康德首先以探究两种类型的解释方法（机械论和目的论）开始了整个方法论的论述，这两种解释方法是在解释有组织的、有机的自然存在（作为内在的组织和形成一个目的系统）以及协调这些存在的可能性。他一开始就指出，目的论恰恰只是属于批判的范畴，也就是对特殊认识能力的批判，即对判断力的批判。在继续讨论人作为目的论系统的自然的最终目的之前，他最后强调，学习者判断和思考这些有机的自然的存在者的原则是他们认识能力的函数，也就是说，学习者依据他们知性和理性的性状只能根据目的因来思考这类存在者的起源。在有关上帝存在的"这个道德证明的有效性的限制"的讨论中，康德再次观察到，依据理论理性，上帝的本性是学习者"绝对不可认知"的，而通过实践理性，它在"实践上是可以规定的",正因如此,学习者可以在"道德上依照上帝的本性去实行与实践,因而是具有实践的实在性的"。[1] 反之,如果只依据学习者理性能力性状的某一个功能,而完全缺少那个同时又是道德立法的创世者和统治者,那么学习者根本不可能理解合目的性,这种合目的性与道德律及其客体密切相关,并存在于这种终极目的中。

二、终极目的:引导学习者追求卓越发展

要理解这种终极目的,就要追问世界与道德目的的关系,追问人类道德目的实践性是如何可能的,即学习者如何在外在条件下实现他们的道德目的,同时也在追问学习者如何实现对该目的认知性把握。这是一个确信的问题,而不是单纯地说服人置信的问题。康德在第一批判的"纯粹理性的法规"中,把至善作为最终目的和道德世界的秩序,在《判断力批判》中转向了道德证明中认其为真的、恰当的和必要的方式,明确回顾了《纯粹理性批判》中理论上确信的四种逻辑层次的检验情况,即三段论式推理、类比推理、或然性的意见与假设,并再次得出,理论上一切可能导致信其为真(确信)的方式都不适用于对一个超感性的上帝存在的证明,也不能证明人的灵魂不朽。到目前为止,自然神学,无论其努力是多么善意,都已经犯了一个错误,即在证明上屈服于仅仅利用人类理性的主观

---

❶ 王朝元. 走进审美王国:康德《判断力批判》研究 [M]. 桂林:广西师范大学出版社,2014:383.

根据的倾向。同时，拒绝接受，甚至是厌恶"逻辑上苛刻的检查"，而这是能够澄清属于"自然目的论"和属于"道德目的论"的"不同性质的部分"。❶

　　因此，康德继续批判在这些主题中学习者的认知努力长期保有的习惯，这些习惯破坏了他们的确定性，因此不利于将人性保持在朝向实现人类的规定和使命的道路上。他在两个版本的本体论证明的推论中都注意到了"诡辩"，而且断言自然目的论的证明的功劳，即在对世界的观察中把心灵引导至一条目的之路，但由此也引导出一个有理智的创世者，因此，他认为，自然目的论证明所诉诸的真实根源是在推论中掺杂进来的道德证明的根据，而且这种根据寓于每位学习者心中并最内在地感动着他。基于批判的理论的界限，学习者可以区分两类达到确信的证明，那些旨在澄清对象就其自身而言是什么的证明，这类明确对象本身是什么证明，本身是依据规定性的判断力的原则而建立起来的。而那些决定对象根据的证明，则是按照"对反思性的判断力的理性原则"建立起来的。❷ 虽然后一种方式不能按照理论的原则获得确信，但是可以根据理性的实践原理获得道德上的确信，并可以促进确信。认知的实践扩展的出发点是学习者被视为道德的存在者，因为只有作为这样一种道德的存在者，学习者才能成为最终的目的。也就是说，在他们不是作为自然的成员，而是在他们做什么和不做什么中，

---

❶ 康德. 判断力批判［M］// 李秋零. 康德著作全集：第 5 卷. 北京：中国人民大学出版社，2005：483.

❷ 康德. 判断力批判［M］// 李秋零. 康德著作全集：第 5 卷. 北京：中国人民大学出版社，2005：483–484.

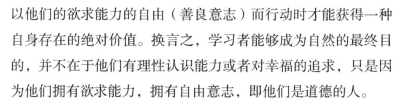

以他们的欲求能力的自由(善良意志)而行动时才能获得一种自身存在的绝对价值。换言之,学习者能够成为自然的最终目的,并不在于他们有理性认识能力或者对幸福的追求,只是因为他们拥有欲求能力,拥有自由意志,即他们是道德的人。

这种与实践理性密切相关的欲求能力,规定着学习者的最后目的,被康德称为(自由/善良)意志。也就是说,学习者的(自由/善良)意志,使得作为有理性的学习者能够成为具有某种绝对价值的存在,并且在这个基础上,使得世界的存在才拥有某种终极目的——至善,而学习者的(自由/善良)意志也是一种欲求能力,只不过是有别于感性冲动的高级欲求能力,或者说是实践能力和道德能力。具体而言,这种意志具有三个方面的规定性:首先作为欲求能力,它的目的就只能选择终极目的——至善;其次它具有自由的特性,是凭借学习者自主的自由选择,依据自己给自己设定的目的而主动实践的能力;它最终是一种道德实践的能力,能够依据道德法则获得幸福,达到德福一致。正因如此,在伦理神学中,学习者有主要的条件将世界看作依据目的关联着的整体和一个目的因的系统。

为什么康德如此关注各种证明?在至善的目的下,致力于上帝概念的确定性,即全知的、全能的、全善的、公正的、永恒性、全在性,等等。首先,这些证明与康德的人类理性发展史以及人类理性不断涌现的道德意识有着内在的联系。在《人类历史揣测的开端》中,康德将人类理性的发展概括为四个阶段:第一个阶段是拥有了"仅仅服务于自然冲动的能力";第二个阶段是学会了"拒绝的技巧与谦虚";第三个阶段是能够"深思熟虑地期待未来"了;第四个阶段是"认识到每个人都是大自然的目的"。❶也就是说,只有当学习者成为道德的存在者,并理解了目的论时才能进一步认识到自己是大自然的目的。这些证明是人类理性与道德发展的体现,也是学习者在与世界的关系中理解自身发展的结果,而如果从纯粹自然的角度来看,这个世界对人类的规定及其道德目的是漠不关心的。追溯和批判这些证明具有双重功能,一是获得历史上的人类的自我理解,二是提供批判性分析,这有助于铺平通往智慧的道路,让每位学习者都应该追随智慧,并防止他们误入歧途。换言之,就是通过批判把理性的理念限制在实践的运用上,从而防止神智学和鬼神学的谬误,防止宗教陷入巫术和偶像崇拜的狂热的、迷信的妄想。这同样是教育和教师(哲学家)的责任,康德在《判断力批判》中写道,在这些证明中"揭露混淆的幻相,而不管这幻相是多么有益",而且"把凡是属于说服力(置信)的东西从导致确信的东西中分离出来",以至于"使在这种证明(上帝存在的目的论证明)中的内心状态以其完全的纯正性坦率地展现出来,并能够使这证明坦然地经受住最严格的检验"。❷

其次,关键在于凭借理念的途径来规定学习者因果性的自由运用,促使学习者能够自由地运用他们的实践能力。康德回

---

❶ 康德. 人类历史揣测的开端 [M]// 李秋零. 康德著作全集:第8卷. 北京:中国人民大学出版社,2010:114–117.

❷ 康德. 判断力批判 [M]. 邓晓芒,译. 北京:人民出版社,2005:321.

顾了纯粹理性的最终目的的道德法则，以及使学习者完全履行这一义务的可能性条件之间的结合。法则为学习者提供了如下假设：第一，假定了终极目的的可实现性和现实性，从而要为实现这一目的作出努力；第二，假定事物与之终极目的协调一致性的本性，这是一个确保道德思维方式的坚定持久性的问题，也就是说，从实践的反思判断力来说，终极目的先天地具有道德属性，随后又证明由于全知全能的道德立法者的存在，保证了道德目的是一切自然目的的最终目的，这样判断力就不会在实践的命令和理论的怀疑之间摇摆不定了。总而言之，就是凭借批判"清楚独断的幻相"，促使学习者"完成实践的使命"。❶ 这种把对于理论知识来说难以达到的东西认其为真的道德思维方式的状态，康德称之为信仰。而对自我认识的锻炼会导致这样的信仰状态。

康德通过举例的方式提问，像斯宾诺莎这样一位意向善良且正直的人，假如他坚定地相信（置信）既没有上帝而且没有来生，那么"他将如何通过他实际上所尊重的道德律来判断他自己的内在目的的使命呢？"❷ 正如我们所看到的那样，他自己被生活中的所有变迁和邪恶所困扰，值得注意的是他仍然忠实于他内在道德使命的呼唤，这就要求他在实践的意图上，以及在最低限度上对凭借道德或道德律颁布给他自己的"终极目的的可能性形成了一个理念或概念"，或者说呼吁他将道德上的

---

❶ 王朝元. 走进审美王国：康德《判断力批判》研究［M］. 桂林：广西师范大学出版社，2014：386.

❷ 康德. 判断力批判［M］. 邓晓芒，译. 北京：人民出版社，2005：309.

世界创造者，即上帝的存在看作真的，从而坚持目的论的理念，以避免心灵中的道德意向遭受破坏。这是因为，他所坚持的机械论虽清除了上帝，但同时也否定了整个世界和人生的终极目的，更封闭了学习者进步的空间。❶也就是说，坚持机械论的斯宾诺莎否定了学习者生存的共同体和他们的人生会趋向一个终极目的，这样一来，他们将彻底放弃自己，自以为不受一切道德义务的束缚，可以摆脱一切道德责任，从而阻碍学习者去追求更卓越性发展的可能性（追求终极目的）。

康德认为，事实上，在人类历史的进程中，一旦学习者开始反思公正与不公正、对与错，道德意识就会清楚地显示出来，也就是希望有一个能够依据道德法则来治理世界的最高存在。学习者不可避免地会产生一种判断或者判断力，他们会发现某人做出的或真诚、或虚伪、或公平、或蛮横的世俗的实践行为，必定会带来不同的结果，但是"哪怕他直到其生命终结也至少看起来没有因其德性而获得幸福，或者没有因其罪行而受到惩罚"❷。具体而言，凭借经验练习而变得锋利的判断力。首先，产生出一种建构性的成就，也就是康德所说的实践智慧，促使道德规则在学习者的共同体生活中得到具体的应用，从而使得普遍法则与具体情境协调一致。其次，会促使学习者尽力使道德法则内化到他们的意志中并着重使其得到实际性的实施。最后，它有助于提升学习者的道德意愿，促使他们

---

❶ 王朝元. 走进审美王国：康德《判断力批判》研究［M］. 桂林：广西师范大学出版社，2014：378.

❷ 康德. 判断力批判［M］. 邓晓芒，译. 北京：人民出版社，2005：316.

选择、承认和确定诸道德原则，从而使他们获得一种在先验与经验之间过渡和中介化的意识。对于受机械论支配的学习者来说，在没有终极目的的情况下，判断力也将随之钝化，美丑善恶好坏变得毫无意义，这进一步磨损了他们的道德意识或信念。

然而，在康德看来，从这些内容中继续推理，便会得到一个根据道德法则来统治世界的至上原因的概念，即一个统治世界的道德关系。针对这种道德关系，即使是对"那种最没有得到培植的理性"来说，也会"把它看作是实践的，是普遍可理解的"。❶正因为这个道德兴趣或道德意识，激发或促使学习者去关注自然界的美和目的，并引导学习者产生一种合目的性的理念。换言之，这种判断建构出了一种希望的理想，可以促使学习者去发现自然界的优美、崇高、目的和道德，进一步范导或指导学习者不断追求与无穷探索世界和自我的存在，在学习者对优美、崇高、目的和道德的追求中，也促使学习者从而超越单纯的求知欲，超越追求单一的科学知识（自然目的或道德目的），而去追求更加卓越性的发展（终极目的），从而获得内心的平静与和平。

三、批判哲学：以人的规定和使命为基础整合其他学科的发展

在"这个道德证明的用处"中，康德论述了批判哲学与其

---

❶ 康德. 判断力批判 [M]. 邓晓芒，译. 北京：人民出版社，2005：316-317.

他学科的关系问题，这是对理性的批判性认知、理性的自我认知和理性的训练，这个"对上帝存有的道德证明"对宗教和神学的认识有防止谬误的消极作用，这在学术和大众领域都是有益的。通过检查知识的幻相和对知识的渴望，这个证明凭借将理想的理念限制在实践的运用上能够防止神学迷失于神智学中，或者不使之沉沦为鬼神学。同时预防宗教陷入招魂术，陷入偶像崇拜，也就是杜绝神智学和鬼神学的谬误，防止宗教深陷巫术和偶像崇拜的迷信泥潭。假如只是以有史以来人类对自身理性能力的循环证明尚未成功的事实为由，来说明人类不可能彻底清除理性的狂热和僭妄是行不通的。在康德看来，要使学习者获得智慧，走出迷信的泥潭，学习者必须坚持如下原则：他们绝对不能从理论上来认识和规定那些超感性的存在，抑或他们需要假设人类的理性中世代蕴藏着一座尚未被利用的、拥有无限扩展可能性的知识宝藏。对宗教来说，假如优先确立上帝的理论知识，那么道德就需要符合神学，而宗教就变成非道德的，宗教中经验性的知识就会破坏道德思维方式的坚定持久性，使其摇摆不定，这也颠倒了它们之间的关系。因此，宗教只有在道德的引领下，才能防止败坏道德。

理性的心理学不能看作扩展性的科学的神灵学，也不能转变为唯物论，因此可以说，理性心理学只是内感官的人类学，也就是说关于学习者"能思维的自我在生命中的知识"，并且"作为理论知识也仍然只是经验性的"。❶ 换言之，理性心理学只是奠基于道德目的论的推论上的，在"对上帝的道德证明"

---

❶ 康德. 判断力批判［M］. 邓晓芒，译. 北京：人民出版社，2005：319.

中，仅仅从实践的角度，才能澄清灵魂不朽与来世的观点，它们的应用就是要消除独断的幻相，促使学习者完成他们的使命。康德在"对目的论的总注释"中总结了《判断力批判》的方法论。康德认为，恰恰是道德的关切，人类的信仰，而不仅仅是单纯的求知欲，才使得人类去追求神学。❶ 而神学的目的在任何方面都不是理论性的，因为学习者也不需要它来扩展或校正他们的自然知识，相反，它的目的是服务于理性的实践上、道德上的运用。在这里又回到康德在《纯粹理性批判》序言中的主张，即批判哲学是通过反对各种思想流派，特别是教条主义和怀疑主义的腐败来促进宗教和道德的发展，这些影响通过接受了这些思想流派影响的教师和神职人员来进一步影响公民社会及生活其中的学习者。这也与康德在《论永久和论》中拥护道德政治家而拒绝政治伦理学者的观点基本一致。康德对他的整个讨论作了如下的总结，他断言道德可以独立于神学而存在，不过由于道德律追求的最终目的凭借学习者的理性依然渴求一种神学，因此伦理神学是完全有可能的，而神学伦理学是没有可能性的。同样，自然神学因为可以看作道德神学的预科而成为可能，并最终发展至道德神学，但神学自然学则是一种无稽之谈。

从这些区别中可以得出，哲学作为智慧，并不是一门以学院概念的方式与其他学科相结合的学科，而是一种基本的哲学思维方式，可以在所有领域加以运用。哲学在其世界主义的意

---

❶ 王朝元. 走进审美王国：康德《判断力批判》研究［M］. 桂林：广西师范大学出版社，2014：410-411.

义上是治理其他科学的内在原则和智慧理论。这些都可以归结到康德在"纯粹理性批判的建筑术"的总结之中，学习者不能学习哲学，而只需要学习哲学思维或做哲学研究，也就是说，学习者依据理性的普遍原则，通过一些在哲学上正在着手的尝试来锻炼理性的才能，同时也始终存留着"理性对那些原则就本身的源泉而言实施调查研究、认可和抵制的权利"[1]。康德由此推出了哲学的世界主义概念。在这种概念下的哲学和学院概念的哲学截然不同，从后者的视角来看，哲学仅仅是知识系统的概念，旨在寻求知识的体系，但是，这种仅关注理性知识本身的哲学并没有超出知识的逻辑完善性，而去追求更卓越的目的。从前者的视角来看，哲学首先具有了一种超越性，成为努力关涉所有知识与人类理性的根本目的的关系的科学。哲学从而超越了仅仅关注技巧或知识本身的机械论，而呈现出关注有机体、建筑术的人类理性目的论的倾向，由此，哲学在康德的概念中得到了提升，开始成为关涉人类理性立法的知识。

这样一来，哲学家也提升为人类理性的立法者，成为学习者理想中的导师，他们将其他理性的专门家，如数学家、自然科学家和逻辑学家看作促进人类理性根本目的的工具，并围绕着人类理性的终极目的，也就是围绕着人类的全部使命将专门家位置和运用统一安排了起来，使其各安其职，各尽其用。哲学家作为立法者的理念却依然存在于每一位学习者的理性中，广而言之，学习者自己作为立法者便拥有了自我管理、自我统

---

[1] 康德. 纯粹理性批判（第 2 版）[M]// 李秋零. 康德著作全集：第 3 卷. 北京：中国人民大学出版社，2004：535.

治、自我教育、自我认识的权利和能力。所以康德最后提出，学习者需要秉承这种立法的理念，并依据世界概念的哲学将这"最终目的及其颁布的相关知识系统，适切地整合在终极目的（人类的全部使命）之下"，而这种研究关涉人类全部使命的哲学只能是道德哲学。❶

第三节　伦理关系：德性论"方法论"的教育价值

《道德形而上学》中"德性论"的"方法论"，处理的是一种伦理性的关系。在这一教育过程中，康德坚持认为，采用苏格拉底的教学方法是最为合适的，因此通过学生自主参与问答互动过程，尤其是通过范例和练习，有利于将学习者培养成为苏格拉底式的自主学习者。这也是对理性的自我认知的进一步培养，从本质上讲，这是培养一种应该做什么和应该不做什么的能力（所为所不为），因此也是学生从外部教师转向内在教师的又一步，也就是使学生从接受外在教师的教育转向接受内在教师的自我教育的必经过程，从而将学生与教师之间的关系，转向学习者与自我之间的伦理性关系。

---

❶　康德. 纯粹理性批判［M］. 王玖兴，译. 北京：商务印书馆，2018：660.

一、道德问答手册的教育意义

早在《纯粹理性批判》中，康德就已经提出了美德的教学方法。他解释说，这种美德的教学方法所涉及的是在学习者或多或少所屈从的情感、爱好和情欲的阻碍之下的道德律。❶ 如何在学习者人性的这些特殊情况下运用道德法则在康德的"德性论的形而上学初始根据"中得到了解决。德性论方法论的结论实际上也是对《实践理性批判》中所阐述内容的发展，其中所描述的教育努力旨在使道德学徒了解自己原始的道德能力，并且培养自己的道德洞察力和道德判断力。这种美德不是与生俱来的，它是必须被获得和被教导的。康德把德性解释为对各种目的的适应性，一种首先而且最为重要的是包括力量和勇气的适应性。康德在伦理教学法中的描述是，德性表示"在与强大的相反偏好的冲突中的决心的力量"❷。适应性和力量正是活动的结果，而专门化的练习最好是在教育者的监督下进行。这些练习确实需要能力、偏好、才能以及学习者固有的潜能，把这种情况提升到一个卓越状态是伦理方法论的核心内容。它的重要性在康德的论述中得到了体现，教育者通过提问，通过提出事例来开发学习者心中对某些概念的禀赋，从而引导学习者的思想进程，这个过程是教学相长的，对于认识到自己有能力

---

❶ 康德. 纯粹理性批判 [M]. 邓晓芒，译. 北京：人民出版社，2004：54.

❷ 康德. 道德形而上学 [M]// 李秋零. 康德著作全集：第6卷. 北京：中国人民大学出版社，2007：487.

思考的学习者，通过其反问促使教育者按照在"教中学"来学习他必须如何恰当地提问。然而，对于那些尚不知道如何提问的新手来说，这种彻底的苏格拉底式对话是不合适的，所以应该从"纯粹道德的问答手册"开始，这是道德行为的一条教学原则，由教育者提出问题，以引起学习者的反应。当明智地、及时地完成时，道德原则和概念要来自学习者自己的理性，而学习者的回答以确定的、不易改变的表述来措辞和保存，随后这些便进入学生的记忆中。这意味着康德已经考虑到与孩子年龄相对应的学习阶段的差异性。

当康德回到正确使用榜样进行教育时，他告诫教育者不要把另一个品行端正的学习者当作例子来非难其他学习者。他认为，当学习者通过比较发现这个榜样拥有不好的道德行为，与教育者推崇的形象不一致时，这种策略只会让学习者对另一个人产生敌意。在理想情况下，教育者本人可能就是具有示范性的模范行为的"好的实例或榜样"，不过在使用这些榜样时，不应该把它们当作典范，而仅仅应当充当合乎义务的行为的可实施性的佐证。正因如此，并不是要去与其他学习者本身做比较，而是要与他应当怎样做的理念（人格）做比较。这是同法则的比较，所以这也是教育者在其实施教育过程中，所应遵循的必不可少的准绳。❶康德在"一部道德问答手册的片段"中，系统地延续了他的道德哲学的步骤和概念，即从人类对于幸福的渴望开始，也就是从完全满足学习者的存在状态开始，直到

---

❶　康德. 道德形而上学［M］// 李秋零. 康德著作全集：第 6 卷. 北京：中国人民大学出版社，2007：490.

考虑学习者对自己偏好的无节制的、过分的和不合理的追求，从而引出了幸福的价值问题以及义务的概念。对获得与幸福的价值相匹配的幸福的偶然性的进一步反思，催生了思考实现幸福的可能性的根据问题，即上帝存在的道德证明。其主要目的是通过这些相互关联的概念，促使学习者的自我认识达到一个顶点，使学习者在面对邪恶、困难、苦难，甚至死亡时，能够坚持自己的义务，并对这种维护义务的内在能力感到惊奇。这样灵魂或心灵的自我认识也必定得到升华，它们承受的诱惑越丰富，这种升华就只会越强烈地鼓舞、激励灵魂或心灵去尊崇、敬重自己的义务。而且，学习者的固有本性就喜欢，并渴望凭借自己的努力工作获得知识，因此他们借助这些"练习不知不觉地被引入到对道德事务的关切之中"。❶ 总而言之，康德在这里陈述了他在《实践理性批判》中的建议，即教育者要善于利用学习者内在的偏好。"道德问答手册"是基于人类理性的概念，基于学习者内在的能力，旨在教导和解释应当做什么以及应当不做什么，这也就是西塞罗所说的所为所不为。而且，康德自己在《纯粹理性批判》中也有所思考，"道德的形而上学"的这些原则，"先天地规定所为所不为，并使之成为必然的原则"。❷ 这种纯粹的道德学说属于出自纯粹理性的人性知识也就是哲学知识的特殊门类。"道德问答手册"的问答过程旨在培养纯粹理性或者实践理性，或者更准确地说，是培

---

❶ 康德. 道德形而上学 [M]// 李秋零. 康德著作全集：第6卷. 北京：中国人民大学出版社，2007：494.
❷ 康德. 纯粹理性批判 [M]. 邓晓芒，译. 北京：人民出版社，2004：635.

养纯粹理性的自我认识，也就是培养学习者的实践理性和自我认识。

更为重要的是，永远不要把学习者的义务与随之而来的好处或者危害联系在一起，无论是对自己还是对他人产生的好处或者害处。在任何教学过程中，教育者都必须重点介绍的是恶习的可耻，而淡化它对当事人自己的危害，这是因为假如德性的尊严在学习者的行动中没有被提高到一切之上，那么，义务概念本身就会消失，并化为纯然实用的规定。在这种追求实用价值的情境下，学习者在他自己意识中的高贵也会随之消失。这样一来，他本人就会待价而沽，把自己出售给对他来说有诱惑力的偏好。此外，正如在"目的论判断力"的"方法论"中所阐述的那样，事物的秩序也是必不可少的。康德指出，将宗教和道德问答手册囊括在哲学的伦理学中是习惯性的做法，但他敦促说在教育中最重要的是：不能将道德问答手册与宗教问答手册混同起来陈述，也不要让它跟在后者后面。康德首先提出道德，并认为这也是有利于宗教的，因为，如果以相反的秩序处置，随后"从宗教中产生的无非就是伪善，也就是出自恐惧而认信义务，并撒谎说对那些并不放在心上的人有一种关切"❶。在结论部分，康德明确地将宗教教育作为对上帝义务的教导。从形式上讲，他肯定义务是神圣的命令，但是从质料或内容上讲，也就是说作为对人与上帝的关系和义务的说明，这种说法在哲学的伦理学之外。形式方面所表达的只是理性与神

---

❶　康德. 道德形而上学［M］// 李秋零. 康德著作全集：第 6 卷. 北京：中国人民大学出版社，2007：494.

的理念的关系，而且，"有关上帝的道德证明"是达到这种关系的理性途径。康德还考虑了道德传统中另一个长期存在的禁欲主义的问题。他认为它的优点是一种维持道德健康的饮食学，但由于健康本身不能被感觉到，所以它只是一种消极的幸福，他要求作出积极的补充。也就是说，针对这种快乐的心灵，只有当学习者自己给自己的管束（训练、纪律）通过伴随着管束的愉悦感时，这种苦行僧式的练习才能成为值得称赞的和示范性的。对于学习者来说，学习是一种快乐的行为，而非一味地苦修。

二、友谊理念促使学习者成为人类之友

康德思考的最后一个主题是伦理关系，只有在人类之间，而不是上帝与人之间，存在着属于哲学的、伦理学界限内的伦理关系。正如至善包括人类的两种目的，即自然的幸福和道德的统一（德福一致），道德关系同样也包括爱和敬重两个基本组成部分。它们分别指向幸福的目的和应有的权利目的（法权），即通过内在的人性尊严，而理应受到尊重，也就是始终把人性作为目的，而不是仅仅作为手段。康德在《道德形而上学》的"德性论"中着重论述了这个内容。

在《道德形而上学》中，康德将实践上必要的友谊的理念定义为学习者彼此之间的相互的爱和敬重的统一。这种理念是作为彼此间善良意向的一种最高境界，而且是学习者凭借自身理性去追求的珍贵的、光荣的义务。他区分了人类之友的概念

与慈善家的概念。后者仅仅是爱别人，只有一种互爱的关系，只是充当施恩者；而人类之友包含着平等的、相互的义务和敬重的概念。由此可见，对他人义务的理念也包含在人类之友的概念中，同时，人际关系的两个"伟大的道德力量"，即爱和尊重，也包含在人类之友的概念之中，并且这两者成为学习者行动的准则。[1]学习者必须绝对使友谊成为他们促进他人善良或过好的生活的准则，而思想的相互表达对于道德来说是必不可少的，并且不仅仅是本能的感同身受，这是朋友们正在寻求的增进他们友谊的人性的需要。也就是说，学习者作为社会或者共同体的存在者，他们有非常浓烈的向他人开放自己的需要，有时这种行为甚至是不以他物为目的。但是，学习者的非社会性，又导致他们不得不封闭自己，因此康德提出需要培养学习者的道德的友谊，促使学习者拥有坦诚其隐秘判断和感受时的完全信任和彼此间的敬重。他在《实用人类学》中进一步指出，必须通过多元主义来对抗利己主义。也就是说，在这种行为方式或者思维方式中，学习者不认为自己以自己的方式包容整个世界，而是要把他们看作世界公民来行事。[2]

这意味着学习者不屈服于厌世或愤世嫉俗，这种厌世的思维方式不是对人类的敬重和尊重，而是对人类整体的蔑视。相反，友谊的理念是一种参与和传递人类共同福祉的理念，表达了学习者对于人类的敬重。康德认为，这种友谊的理念是一项

---

❶ 康德. 道德形而上学［M］// 李秋零. 康德著作全集：第 6 卷. 北京：中国人民大学出版社，2007：498.

❷ 康德. 实用人类学［M］// 李秋零. 康德著作全集：第 7 卷. 北京：中国人民大学出版社，2008：122.

需要完成的任务。因此，友谊本身成为一种行为的准则，即仁爱的准则，它需要一种积极、实践的仁爱，使他人的或自己的幸福，并且使他人的或者自己的目的能够得到更加繁荣的培植。因此，爱邻人的义务就意味着，要使得他人的道德性的目的成为学习者自己的目的，与此同时，更不能把他人降格为只是实现学习者自己目的的手段，或者说不能逼迫他人为了全身心地服务于学习者的目的而放弃他们自己。简单来说，包含爱和敬重的友谊的善意也就是"对任何他人的福乐的纯然愉悦"，这也是"实际的、实践上的善意"，或者说是"使他人的福乐和得救成为"学习者"自己（行善）的目的"。❶ 而培植实际上是通过培养所有学习者的作为达成各种可能的目的的手段的自然力量（精神的、灵魂的和肉体的力量）来实现的，而培养学习者所有的一般能力，并使它们能够满足促进理性设定的目的，这种培养本身又是一种义务。

康德在谈到学习者对自己的义务时提出，全力以赴培养自己的能力，并且在实用方面做一个与自己在世俗世界或共同体中的生存目的相适应的学习者。学习者可以在精神的能力、灵魂的能力和肉体的能力三个方面着手培养自己。首先是培育精神能力。精神的力量是指"只有通过学习者的理性才有可能得以实施的力量"❷，也就是理性认识，它们关涉的是思维或认识的形式，借助于概念、判断、推理进行逻辑思维，而它们的使

---

❶ 康德. 道德形而上学［M］//李秋零. 康德著作全集：第6卷. 北京：中国人民大学出版社，2007：462–463.

❷ 康德. 道德形而上学（注释本)［M］. 张荣，李秋零，译注. 北京：中国人民大学出版社，2013：222.

用原则是必然来源于原理的先天法则，可以运用于经验，但绝非来源于经验，具有创造性的属性。能够培养或与这类能力相匹配的课程包括数学、逻辑学、形而上学，前两门课程构成了理论哲学，有时也被康德称为学院概念的哲学，旨在关注知识的逻辑完善性。其次培育灵魂能力。在康德看来，要培养的第二种能力是灵魂的力量。它是指为了满足学习者任意的目的或意图而可以供他们使用和支配的知性和规则，从而被依据经验的导线来引导的力量，它关涉的是思维或认识的内容，解决的是知识的质料问题，具有扩展性和经验性的特质。具体包括记忆、想象力等内容，目的在于扩展学习者的知识范围，建立起博学、鉴赏，等等。能够培养或与这类能力相匹配的课程包括历史学、地理学、动物学、生物学、语言学、伦理学、实用人类学和美学等，这些课程扩展了知识，培养学习者的博学和鉴赏，并为他们实现"各种各样的意图或目的提供了工具"❶。最后是培育身体能力。对于学习者来说，需要培养的第三种能力是肉体的力量。它是指照料或维系学习者身体上构成材料或质料的东西，这种能力的目标就是辅助学习者的各种目的付诸实施，一般来说培养学生的身体素质，促使学习者能够适应环境变化、强壮体魄，正因如此，学习者需要持续不懈地、有意识地活跃他们身上的动物性，这也是他们对自身的义务和目的。能够培养或与此类能力相匹配的课程包括体育、舞蹈、劳动、游戏，具体而言包括奔跑、跳远、举重、投掷、摔跤、赛跑、

---

❶ 康德. 道德形而上学（注释本）[M]. 张荣，李秋零，译注. 北京：中国人民大学出版社，2013：223.

跳舞、野外训练等内容。❶总而言之，康德提出的三类能力可以归结为精神、心灵与体魄的培养，文明其精神，野蛮其体魄便是能力培养的宗旨。

康德在他的许多著作(关于人类学、教育学、宗教、历史和道德)中讨论了人的能力的培养问题。康德将适应/适用的概念与美德在词源上联系起来，德性源自适用。胜任某事或适合于某事，而无德性源于一无所用。在《实践理性批判》中，康德进一步指出，实践意义上的完善概念是一个事物对一切目的的适用性和充足性。❷这种完善作为人的性状，是对于其内部的完善，无非就是天赋，而加强的或者补充天赋的东西则是技巧。这种培养的必要的三个阶段是康德教学计划的组成部分，即技术、实用和道德能力的发展所产生的技能、明智和道德。

三、友谊是学习者心灵生活的原则

友谊概念作为结构关系的形式原则，具有系统性的作用，是学习者心灵生活的原则。因此，友谊是表达具有良好德行的学习者内在关系的形式原则。友谊的概念强调了心灵生活积极的、关系性的本质与和谐的状态，和谐状态的特点就是友谊的实现。因此，友谊的概念和原则为康德所秉持的心灵生活的内

---

❶ 康德. 教育学［M］// 李秋零. 康德著作全集：第9卷. 北京：中国人民大学出版社，2010：466-467.

❷ 康德. 实践理性批判［M］// 李秋零. 康德著作全集：第5卷. 北京：中国人民大学出版社，2005：44.

在和谐状态增加了另一个维度。这里涉及的是恢复希腊人对罗各斯的理解，罗各斯是一种二元性的统一体，对理性的、道德的学习者，罗各斯意味着什么？至少在启蒙运动之前，西方的哲学思想倾向于将罗各斯与理性联系起来，而不能理解其作为语词或言语的意义。伽达默尔所认同的理解，是共同体中的学习者"在语言上取得相互一致"，并非将他们"自己置于他人的思想之中"，而"这整个理解过程乃是一个语言过程"。❶ 这是因为，"logos"意味着在词语组合在一起时形成句子的话语，学习者所理解的句子的意义完全是由综合而产生，而作为思维载体的词语，它本身的意义必定和思维是相似的，它们都来自人是会说话的动物。正因如此，有思维能力的学习者有一种说话的冲动，会说话、会言语的学习者有一种思维的冲动。所以罗各斯对于学习者来说不仅是理性，还是一种表达和言语。这里的价值不言而喻，生活在共同体中的教育者和学习者、学习者和学习者、学习者自我之间，都有一种相互表达和交流的需要和冲动，而保证他们自由表达的权利是课堂教学的重要原则。而要应对学习者的表达，需要培养学习者倾听能力，那么，"课堂的言语表达才会变得丰富、多样，而不是相反"❷。因此，学习者不仅是理性的、道德的存在者，而且是言语的存在者，也是意义的建构者。

　　此外，伽达默尔也指出，现代的主体性概念不足以满足希

---

❶　伽达默尔. 真理与方法：第1卷 [M]. 洪汉鼎，译. 北京：商务印书馆，2010：540.

❷　佐藤学. 静悄悄的革命：课堂改变，学校就会改变 [M]. 李季湄，译. 北京：教育科学出版社，2014：21.

腊人所理解的友谊概念，他也强调了仅仅作为同情和祝福他人的友好与在自我关系之中寻找一种自爱是有区别的。他在古代的智慧中发现，要成为他人的朋友需要先成为自己的朋友。自爱是生活在共同体中的学习者建立和保持与他人联系，并担负起自己责任的基础和条件，假如他们缺少自爱，那从根本上来说，他们也就没有一种对自己的友谊。不过，自私并非一种真正的自爱，对于学习者来说，真正的自爱首先意味着，学习者自己必须始终如一地与自己保持一致。在共同体中的学习者扮演着不同的角色，可能是他人的朋友，也可能是业务上的友人抑或同事，不管角色如何，他们都必须与自己取得一致，假如不能，那么处在共同体中，与他人共同生活的学习者就会处处感到阻碍与陌生。这同样符合康德提出的自己思考的原则。换句话说，自爱不仅仅是一种假设的、自然的功能，它本身也是一种与自我的伦理关系，而这种伦理关系可以通过开发、设计出适合作为理性的、道德的、言语的学习者的教育和课程来实现。伽达默尔同样主张回到苏格拉底：认识你自己！学习者必须学习认知自己。因此，对危在旦夕的友谊概念的探索也需要恢复一种比现代意义上更深刻的自爱意识，而不能与那种自我保护的自然主义或生物学的自私原则保持一致。

这种自私式的自爱在课堂教学中也是存在的，无论是教育者还是学习者，他们只是自顾自地表达自己的思想，而不会从发言者的角度来组织自己的表达，积极应对、耐心聆听发言者的表达，这就是一种自私的自爱，而非真正的自爱。这就需要从培养他们的聆听能力开始，来培养他们能够真正自己思考，并站在他人的视角来思考和应对自己思想和他人表达的友谊能力。

只要每一代人都有义务制订更合目的的教育计划，并且只要这种教育能够促进学习者思想生活的自由和自律，培养与人类最终目的相统一的一切才能，这种教育本身可以说是人类友谊与自身关系的最终体现。由此可见，批判哲学的目标不过是阐述了为了将教育者培养成人类的朋友的教育的界限。批判哲学首先是为了避免怀疑主义和教条主义对于理性目的的破坏，其次是超越理性中的二律背反。在康德看来，批判哲学的第一个教育任务就是对教育者的教育，因为，只有接受过教育的人才能承担起教育的任务。也就是说，在康德看来，作为教育者可以理解不可或缺的理性理念的理论限制和实践拓展，并且能够理解这些适当的方法论。这些方法论就是在理性的、实践的、审美的、目的论的和伦理（德性）的关系之中，指导训练理性的适当方法，也就是促使学习者发展与人类理性自身以及与人类的全部使命和命运相互协调的方法。

因此，为了能够将学习者培养成为人类之友，首先就需要我们所设计的教育要能够实现学习者的自我认识，这意味着，这种教育的形式必须符合人类的全部使命与命运，是一种适合、符合人性的教育。从目的论意义上来说，这种教育需要趋近人类理念的最终目的——至善，促进学习者的卓越性发展。勇敢地认识你自己，也代表着康德对苏格拉底的肯定，"在所有人中间，他也是唯一其行为最接近一位智者的理念的人"，也正是"他给予哲学精神和所有思辨的头脑以一个崭新的实践方向"。❶ 这样一来，培养学习者成为人类之友的教育必须能够促使学习者拥有自我教育的能力，从而成为自己的、内在的教师，成为苏格拉底式的自主学习者。这就使得学生直接面对理性的自我认识，这种自我认识是一种教育他们应当做什么和应当不做什么的能力。他们也是有能力思考我是，并且有能力说我不是的存在者。学习者的自我教育，拥有了自我认识的镜子，在这种情况下，朋友就是另一个自我，学习者在朋友之镜中与自己相遇，这就是一种自爱的友谊，而苏格拉底的自我审察便是对抗受自身利益统治和支配的真正的自爱，从而真正知道应当做什么和应当不做什么，促使学习者在思考自我和表达自我之间认识在这种内在对话之中的自我，随后认识在与世界主体对话关系中的自我，实现自我之内的合二为一。

学习者主观的为所欲为的自由与人必须实践的自由是完全不同的，而后者包括学习者内在的道德自由、自我认知和谦逊以及心灵生活中的真诚秩序，所有这些都说明了训练（纪律）和培养的必要性。也就是说，自由的心灵生活是由教育形成的，而不是由自然形成的。为了满足对于教育的需求，教育的传统，包括智慧的教育和自由的教育，需要被进一步理解为积极参与人类之间的对话。因此，这种教育形式才有助于培养学习者与自己、与他人、与人类建立起真正的友谊关系，成为学习者发展的基础。此外，要使学习者自由的心灵生活成为外在自由、友谊和幸福的条件，就需要将学习看作学习做哲学研

---

❶ 康德. 逻辑学 ［M］// 李秋零. 康德著作全集：第 9 卷. 北京：中国人民大学出版社，2010：28.

究，而不是学习哲学知识。这就是康德教育哲学所主张的，学习者需要学习的是如何自主地思考，而不仅仅是博览群书。康德反对纯粹的主观的、历史的学习模式，而这种学习模式要处于思维的、方法的学习模式之后，正如康德对于精神、灵魂和肉体能力的秩序划分，只有在积极的思维中才能使学习导向自我认识，从而建立一种和平的内心生活。这既能够帮助学习者建立与自己之间的友谊，也能够进一步促使学习者过共同体的生活，有效地处理理论的、实践的、审美的、目的论的和伦理的人际关系。

结语：为了理性与自由的教育

在康德看来，他并不是要教授哲学，而是要促使学习者哲学地思考，独立自主地思考。这蕴含了康德对于哲学和教育学之间关系的看法，"哲学是关于思考的学问，而教育学习者如何哲学地思考则是教育学的学问"，但假如"没有哲学，也不会有教育学，而没有教育学，学习者就不会被教会哲学地思考"，正因如此，"康德带给西方思想界的不仅是哲学，而且教给学习者学会哲学地思考的方法"，他告诉我们"能哲学地思考，不仅要有哲学，还要有教育学"。❶

在贺拉斯的书信集中，康德发现了要敢于认识与智慧的关系。贺拉斯的目的是让这个在罗马学习修辞学的学习者对道德哲学感兴趣，使他明白敢于认识对正义生活的重要性。在这里，"敢于认识"是对学习者敢于运用你的聪明或理性的一种劝告，字面意思就是，有勇气去过道德的、正直的生活，即正义的生活须臾不离。智慧与运用自己的理性和判断力的关系，而不是智慧与死记硬背或者依靠记忆力的关系，也可以在柏拉

---

❶ 陈元晖. 康德与近代西方教育思想［J］. 华东师范大学学报（教育科学版），1987（1）：18.

图的《斐德罗篇》中找到出处。在苏格拉底讲述埃及国王与自豪的作家之间通过对话提高记忆力和智慧的故事中，国王看到的问题是思维本身被记忆术所取代，而学习者将不再用心领悟、理解，而是凭借外在的符号来回忆，因此，在国王看来，作家开出的药方只具有提醒的作用，而不具有医治健忘的价值。换言之，作家教给学习者的并不是真正的智慧，因为，虽然学习者凭借"文字（阅读）的帮助，可以无师自通地指导许多事情"，然而在很多情况下，学习者依然一无所知，学习者心里虽然被填满了，"但装的不是智慧，而是智慧的赝品"，而且被这样教育的学习者"会给他们的同胞带来麻烦"。❶ 在康德看来，真正地运用判断力和思维甚至已经成为"要有勇气使用你自己的理智！"的问题。❷ 对于学习者来说，勇敢地使用自己的理性，去勇敢地认识自己、教化自己，促使学习者掌握自我教育的能力，这也是启蒙的关键所在。

康德在《实践理性批判》结语中提出，学习者内心的自由的意识是最好的甚至是唯一的防御者，因为这能迫使可鄙的和下流的影响进入他们的思想，使他们"强烈地感到害怕"。❸ 教育的关键是建立内在自由（一种真正的内心平静的状态）作为真正实现外在自由和平的条件。因此，康德通过不同的"方法

---

❶ 柏拉图.柏拉图全集：第 2 卷 [M].王晓朝，译．北京：人民出版社，2003：197–198.

❷ 康德．什么是启蒙 [M]// 李秋零．康德著作全集：第 8 卷．北京：中国人民大学出版社，2010：40.

❸ 康德．实践理性批判 [M]// 李秋零．康德著作全集：第 5 卷．北京：中国人民大学出版社，2005：169.

论"阐述了他并没有以教育之名撰写出的一种培养学习者心灵自由的教育哲学。为了自由的教育哲学就是为了促进学习者的自由，具体到教育问题，就是促进为了自由的教育得到实施，从而将学习者培养成为自由的、道德的人。《纯粹理性批判》的目的是思想自由，《实践理性批判》的目的是行为自由，《判断力批判》的目的是情感自由。❶康德教育哲学的内容就是发展学习者所有的自然禀赋，教育就是要适应、符合人性的形式，而这也意味着要实现学习者道德人格的发展。这扩展了我们对心智本身培养的认识，拓展了对学习者在所有与世界的关系中进行自由判断和自由选择的认识。

学习者善恶的倾向是由学习者的选择能力所决定的，而关涉他们的选择就必然涉及外在自由和内在自由。康德在《道德形而上学》中建立了包括"外在自由与内在自由"的"自由体系"。❷在康德看来，一方面与法权法则相关的自由只能是任性的外在应用的自由，另一方面与理性法则相关的自由则不仅是任性的外在应用的自由，也是其内在应用的自由，但前提它是要由理性法则规定的。换言之，仅仅依靠自我利益而付出努力行事时，自由就是一种外在自由，同样也可以使学习者所有的选择和行动都受到理性法则的支配，这就产生了内在自由，内在自由在任何一种情况下，都是对理性概念和选择原则的解释，也是决定激情和偏好在整个人生中作用和地位的标准。内

---

❶ 陈元晖. 康德与近代西方教育思想［C］// 王炳照. 陈元晖教育文集. 南京：江苏教育出版社，2011：334-335.

❷ 吴彦. 法、自由与强制力：康德法哲学导论［M］. 北京：商务印书馆，2016：46.

在自由也是一种善于提问的能力，而自由判断和选择是实现这种内在自由的条件。能够问为什么就是我们有能力问的最深刻层次的问题，并因此开始最初的理性推理行为，而这种原初的探究意识追求的是制订计划和寻求描述性解释的满足感及动机时的思维形态。正是出于这个原因，康德教育理论中蕴含着他的形而上学思想，这一解释更有助于理解康德努力阐释和确定的合目的性的批判意识，允许学习者承认和运用超越自然但又能在人类生活与自然的关系中实现的人类目的。康德最清晰地认识到，学习者可以有目的地思考，而不必考虑具体的目的，这既解释了审美判断，又允许他们在不要求特定目的或自然设计的情况下对自然进行终极审问。从根本上说，学习者的问题是在确保学习者的自我反思与专家的自我反思一致的情况下提出的。因此，这种自我认识活动是真正的、积极的、主动的自我认识的核心。

康德的教育哲学旨在培养学习者心灵的内在自由与和平，并将此作为学习者能够"深思熟虑"地处理社会关系的内在条件。也就是说，在这种教育中所获得的知识和理性有助于培养学习者的自我教育能力，从而帮助学习者建构起与自己、与世界的关系。在康德看来，这些关系构成了学习者整体性的生活世界。学习者通过参与社会关系，并借助在社会关系中持续的历练，促进人类的逐渐完善。

正是在这些基础上，本研究从批判的视角探讨了康德为了发展自由的教育所阐述的理论内容，系统地勾勒出了康德教育哲学的整体框架和核心精神，同时也进一步展示了康德及其教育哲学对教育和教育哲学发展所作出的积极贡献。

参考文献

［1］阿利森. 康德的先验观念论：一种解读与辩护［M］. 丁三东，陈虎平，译. 北京：商务印书馆，2014.

［2］阿利森. 康德的自由理论［M］. 陈虎平，译. 沈阳：辽宁教育出版社，2001.

［3］奥诺拉·奥尼尔. 理性的建构：康德实践哲学探究［M］. 林晖，吴树博，译. 上海：复旦大学出版社，2013.

［4］奥特弗里德·赫费. 康德的《纯粹理性批判》：现代哲学的基石［M］. 郭大为，译. 北京：人民出版社，2008.

［5］芭芭拉·赫尔曼. 道德判断的实践［M］. 陈虎平，译. 北京：东方出版社，2006.

［6］柏拉图. 柏拉图全集：第2卷［M］. 王晓朝，译. 北京：人民出版社，2003.

［7］鲍尔生. 德国教育史［M］. 滕大春，滕大生，译. 北京：人民教育出版社，1986.

［8］彼得·盖伊. 启蒙时代：自由的科学［M］. 王皖强，译. 上海：上海人民出版社，2016.

［9］曹俊峰. 康德美学引论［M］. 天津：天津教育出版社，2012.

［10］陈嘉明. 建构与范导：康德哲学的方法论［M］. 上海：上海人民出版社，2013.

［11］陈元晖. 康德与近代西方教育思想［M］// 王炳照. 陈元晖教育文集. 南京：江苏教育出版社，2011：323–333.

［12］陈元晖. 康德与近代西方教育思想［J］. 华东师范大学学报（教育科学版），1987（1）：13–24.

［13］邓晓芒. 康德《判断力批判》释义［M］. 北京：生活·读书·新知三联书店，2018.

［14］邓晓芒. 康德论道德教育［J］. 清华大学学报（哲学社会科学版），2019（3）：1–14，193.

［15］邓晓芒. 康德哲学诸问题［M］. 北京：生活·读书·新知三联书店，2006.

［16］迪特里希·本纳，彭正梅，亚历山大·冯·欧廷根，等. 教育和道德：从古希腊到当代［M］. 彭韬，译. 上海：上海教育出版社，2020.

［17］笛卡尔. 谈谈方法［M］. 王太庆，译. 北京：商务印书馆，2000.

［18］杜威. 民主主义与教育［M］. 王承绪，译. 北京：人民教育出版社，1990.

［19］方展画. 教育科学论稿［M］. 上海：上海教育出版社，1995.

［20］福尔克尔·格哈特. 伊曼努尔·康德：理性与生命［M］. 舒远招，译. 北京：中国社会科学出版社，2015.

［21］G. 希尔贝克，N. 伊耶. 西方哲学史：从古希腊到二十世纪［M］. 童世骏，郁振华，刘进，译. 上海：上海译文出版社，2004.

［22］伽达默尔. 真理与方法：第1卷［M］. 洪汉鼎，译. 北京：商务印书馆，2010.

［23］汉娜·阿伦特. 过去与未来之间［M］. 王寅丽，译. 南京：译林出版社，2011.

［24］汉娜·阿伦特. 精神生活·思维［M］. 姜志辉，译. 南京：江苏教育出版社，2006.

［25］汉娜·阿伦特. 康德政治哲学讲稿［M］. 曹明，苏婉儿，译. 上海：上海人民出版社，2013.

［26］贺麟. 五十年来的中国哲学［M］. 沈阳：辽宁教育出版社，1989.

［27］黑格尔. 小逻辑［M］. 贺麟，译. 北京：商务印书馆，1980.

［28］黄裕生. 真理与自由：康德哲学的存在论阐释［M］. 南京：江苏人民出版社，2008.

［29］吉尔·德勒兹. 康德的批判哲学［M］. 夏莹，牛子牛，译. 西安：西北大学出版社，2018.

［30］加勒特·汤姆森. 康德［M］. 赵成文，藤小冰，孟令朋，译. 北京：中华书局，2004.

［31］卡尔·福尔伦德. 康德传：康德的生平与事业［M］. 曹俊峰，译. 天津：天津教育出版社，2015.

［32］卡尔·雅思贝尔斯. 大哲学家［M］. 李雪涛，等译. 北京：社会科学文献出版社，2010.

［33］卡西尔. 卢梭·康德·歌德［M］. 刘东，译. 北京：生活·读书·新知三联书店，2015.

［34］康德. 纯粹理性批判［M］. 邓晓芒，译. 北京：人民出版社，2004.

［35］康德. 纯粹理性批判［M］. 王玖兴，译. 北京：商务印书馆，2018.

［36］康德. 道德形而上学（注释本）［M］. 张荣，李秋零，译注. 北京：中国人民大学出版社，2013.

［37］康德. 康德百封书信［M］. 李秋零，译. 上海：上海人民出版社，1992.

［38］康德. 康德教育哲学文集：注释版［M］. 李秋零，译. 北京：中国人民大学出版社，2016.

［39］康德. 康德论教育［M］. 李其龙，彭正梅，译. 北京：人民出版

社，2017.

[40] 康德. 康德美学文集："人类学"反思录 [M]. 曹俊峰，译. 北京：北京师范大学出版社，2003.

[41] 康德. 论教育学 [M]. 赵鹏，何兆武，译. 上海：上海人民出版社：2005.

[42] 康德. 论教育学·系科之争 [M]. 杨云飞，邓晓芒，译. 北京：中国轻工业出版社，2019.

[43] 康德. 判断力批判 [M]. 邓晓芒，译. 北京：人民出版社，2005.

[44] 康德. 实践理性批判 [M]. 邓晓芒，译. 北京：人民出版社，2003.

[45] L. W. 贝克. 我们从康德那里学到些什么？[J]. 郑涌，王玖兴，译. 哲学译丛，1982（4）：1-6.

[46] 莱米·布拉格. 世界的智慧：西方思想中人类宇宙观的演化 [M]. 梁卿，夏金彪，译. 上海：上海人民出版社，2008.

[47] 莱因哈特·布兰特. 康德：还剩下什么？[M]. 张柯，译. 北京：商务印书馆，2019.

[48] 李长伟. 实践哲学视野中的教育学演进 [M]. 武汉：湖北科技出版社，2012.

[49] 李秋零. 康德著作全集：第1卷 [M]. 北京：中国人民大学出版社，2003.

[50] 李秋零. 康德著作全集：第2卷 [M]. 北京：中国人民大学出版社，2004.

[51] 李秋零. 康德著作全集：第3卷 [M]. 北京：中国人民大学出版社，2004.

[52] 李秋零. 康德著作全集：第4卷 [M]. 北京：中国人民大学出版社，2005.

[53] 李秋零. 康德著作全集：第5卷 [M]. 北京：中国人民大学出版

社，2007.

［54］李秋零. 康德著作全集：第6卷［M］. 北京：中国人民大学出版社，2007.

［55］李秋零. 康德著作全集：第7卷［M］. 北京：中国人民大学出版社，2008.

［56］李秋零. 康德著作全集：第8卷［M］. 北京：中国人民大学出版社，2010.

［57］李秋零. 康德著作全集：第9卷［M］. 北京：中国人民大学出版社，2010.

［58］李泽厚. 论康德黑格尔哲学［M］. 北京：人民出版社，1981.

［59］李泽厚. 批判哲学的批判：康德述评［M］. 北京：生活·读书·新知三联书店，2007.

［60］林晖. 理性、兴趣与实践：康德哲学中的问题［M］. 上海：上海三联书店，2015.

［61］刘良华. 教育哲学［M］. 上海：华东师范大学出版社，2017.

［62］刘铁芳. 重申知识即美德：古典传统的回归与教养性教育的重建［M］. 北京：北京师范大学出版社，2015.

［63］刘同舫. 康德道德教育观及其对现实道德教育困境的开解［J］. 教育研究，2014（4）：77–84.

［64］刘易斯·贝克.《实践理性批判》通释［M］. 黄涛，译. 上海：华东师范大学出版社，2010.

［65］卢德夫·奥托. 神圣者的观念［M］. 丁建波，译. 南昌：江西教育出版社，2014.

［66］卢梭. 爱弥儿［M］. 李平沤，译. 北京：商务印书馆，1996.

［67］卢雪昆. 康德的自由学说［M］. 台北：里仁书局，2009.

［68］迈克尔·欧克肖特. 人文学习之声［M］. 孙磊，译. 上海：上海译文出版社，2012.

［69］曼弗雷德·弗兰克. 德国早期浪漫主义美学导论［M］. 聂军, 译.
　　长春：吉林人民出版社, 2010.

［70］曼弗雷德·库恩. 康德传［M］. 黄添盛, 译. 上海：上海人民出版
　　社, 2014.

［71］皮埃尔·阿多. 古代哲学的智慧［M］. 张宪, 译. 上海：上海译文
　　出版社, 2018.

［72］皮埃尔·阿多. 作为生活方式的哲学：皮埃尔·阿多与雅妮·卡尔
　　利埃、阿多诺·戴维森对话录［M］. 姜丹丹, 译. 上海：上海译文
　　出版社, 2014.

［73］Randall Curren. 教育哲学指南［M］. 彭正梅, 等译. 上海：华东师
　　范大学出版社, 2011.

［74］让－弗朗索瓦·利奥塔. 后现代状况：关于知识的报告［M］. 岛
　　子, 译. 长沙：湖南美术出版社, 1996.

［75］史蒂芬·霍金. 时间简史［M］. 许明贤, 吴忠超, 译. 长沙：湖南
　　科学技术出版社, 2018.

［76］阿勒克西·德·托克维尔. 民主在美国（下卷）［M］. 秦修明, 李
　　宜培, 汤新楣, 译. 长春：吉林出版集团有限责任公司, 2013.

［77］王朝元. 走进审美王国：康德《判断力批判》研究［M］. 桂林：广
　　西师范大学出版社, 2014.

［78］王国维. 王国维文集（第3卷）［M］. 北京：中国文史出版社,
　　1997.

［79］王坤庆. 教育基本理论研究［M］. 合肥：安徽教育出版社, 2008.

［80］王寅丽. 汉娜·阿伦特：在哲学与政治之间［M］. 上海：上海人民
　　出版社, 2008.

［81］吴彦. 法、自由与强制力：康德法哲学导论［M］. 北京：商务印书
　　馆, 2016.

［82］西塞罗. 论老年 论友谊 论责任［M］. 徐奕春, 译. 北京：商务印

书馆，2003.

[83] 西塞罗. 论至善和至恶 [M]. 石敏敏，译. 北京：中国社会科学出版社，2017.

[84] 亚里士多德. 尼各马可伦理学 [M]. 廖申白，译. 北京：商务印书馆，2003.

[85] 亚里士多德. 形而上学 [M]. 吴寿彭，译. 北京：商务印书馆，1995.

[86] 杨河，邓安庆. 康德黑格尔哲学在中国 [M]. 北京：首都师范大学出版社，2002.

[87] 杨山木. 先验的方法：康德哲学的方法论研究 [M]. 长春：吉林大学，2010.

[88] 叶秀山. 启蒙与自由：叶秀山论康德 [M]. 南京：江苏人民出版社，2011.

[89] 约翰·亨利·纽曼. 大学的理念 [M]. 高师宁，何克勇，何可人，等译. 北京：北京大学出版社，2016.

[90] 约翰·华特生. 康德哲学讲解 [M]. 韦卓民，译. 武汉：华中师范大学出版社，2000.

[91] 詹姆斯·施密特. 18世纪与20世纪的对话：启蒙运动与现代性 [M]. 徐向东，卢华萍，译. 上海：上海人民出版社，2005.

[92] 赵明. 实践理性的政治立法：康德《论永久和平》的法哲学诠释 [M]. 北京：法律出版社，2009.

[93] 佐藤学. 静悄悄的革命：课堂改变，学校就会改变 [M]. 李季湄，译. 北京：教育科学出版社，2014.

后　记

当我们经常而持久地凝神思索头上的星空与心中的道德法则之时，它们就越发地使得我们的内心与日俱增地充盈着常新的惊奇和敬畏。这先验地存在于人类历史之中，也存在于我们每个人的生命中。

怀揣着对生命的敬畏，越来越多的学者开始寻求能够关切生命发展的课程理念，实现"为课程、为儿童、为未来"的教育追求，以求通达生命卓越的发展。本研究正是受此教诲而产生。

时至今日，本书的出版离不开读博期间给予我帮助的人。

感谢新疆师范大学给我提供了追梦的机会。感谢华东师范大学课程与教学研究所提供的学习契机和平台。感谢刘良华导师，他对学术的追求、对教育的关切时刻影响着我。同时也要感谢崔允漷老师、吴刚平老师、胡惠闵老师、高德胜老师、周勇老师、杨向东老师、安桂清老师、柯政老师、陈霜叶老师、肖思汉老师等的教诲和指导，感谢周文叶老师、雷浩老师对我的关心，感谢朱丽婧老师的辛勤付出。神圣的十六楼，充满乐趣的十七楼，给我留下了太多值得回忆的东西，成为我幸福生活、完满生命中不可或缺的部分。

感谢李长伟老师的鼓励和指点，使我受益匪浅。感谢邓晓芒老师、李秋零老师，虽没有言语交流，更无缘当面请教，但那些炙热的文字让我受益。

感谢梁君、冯嘉慧、张卉、张震、秦乐琦、张亮……同门、同学之间有太多美好过往，给困顿、厚重的博士生活增添了几分惬意和快乐。感谢冯仰存、李凯，酒暖人心，给我们的闲暇时光增添了惊喜，妙不可言。感谢曹琦老哥、周靖毅师兄，与你们一同健身，使僵硬的生命有了活力。

感谢我的家人，你们对我的关心无处不在。感谢亲爱的儿子，让我感受到生命的力量和柔情，体验生活的不确定性和快乐。在修改书稿的过程中，也迎来了女儿的出生，生命中又多了一份责任与温情。

陈得军

于 2023 年岁末